Das Buch

»Ja wissen Sie denn nicht, daß Hessel ein Zauberer ist? Und ein gefährlicher dazu, dem man das Handwerk legen sollte. Er versteht zu verwandeln...« (Walter Benjamin) Noch bis zur Veröffentlichung der ›Berliner Skizzen‹ unter dem Titel ›Persönliches über Sphinxe‹ im Frühjahr 1990 bei Silver & Goldstein ging man davon aus, daß es sich bei diesen Texten, die 1933 entstanden waren, um die letzten Veröffentlichungen von Franz Hessel handle. Mittlerweile hat sich jedoch herausgestellt, daß der Autor seine letzten Skizzen unter dem Pseudonym »Hesekiel« während seines Exils 1938–1941 in der ›Pariser Tageszeitung‹ publizierte.
Es ist die Zwiesprache mit der Vergangenheit und den Dingen selbst, nicht ihre Deutung, um die es Hessel geht.

Der Autor

Franz Hessel, geb. 21.11.1880 in Stettin, gest. 6.1.1941 in Sanary-sur-mer, war Kaufmannssohn, studierte in Freiburg/Br., Berlin, München und Paris, nahm am I. Weltkrieg teil, arbeitete als Lektor bei Rowohlt, emigrierte 1938 nach Paris (zeitweise interniert). Veröffentlichungen u. a.: ›Pariser Romanze‹ (1920); ›Heimliches Berlin‹ (Roman 1927); ›Teigwaren leicht gefärbt‹ (Erz. 1926); ›Spazieren in Berlin‹ (1929); ›Ermunterungen zum Genuß‹ (Erz. 1933). Zahlreiche Übersetzungen aus dem Französischen (u. a. Proust), zum Teil in Zusammenarbeit mit Walter Benjamin.

studio dtv

Franz Hessel:
Ein Garten voll Weltgeschichte
Berliner und Pariser Skizzen

Herausgegeben und mit einem Nachwort versehen von Bernhard Echte

Deutscher
Taschenbuch
Verlag

dtv

Der Herausgeber dankt dem Schweizerischen Nationalfonds zur Förderung der wissenschaftlichen Forschung für die Unterstützung der Arbeit an diesem Band.

August 1994
Deutscher Taschenbuch Verlag GmbH & Co. KG, München
Deutsche Erstausgabe

Umschlaggestaltung: Christoph Krämer
Satz: IBV Satz- und Datentechnik, Berlin
Druck und Bindung: C. H. Beck'sche Buchdruckerei, Nördlingen
Printed in Germany · ISBN 3-423-19027-2

Inhalt

Berlin

Rundfahrt Berlin 11
Im alten Westen 16
Wird er kommen? 19
Märkische Epistel 22
An die Berlinerin 26
Filmbörse 29
Das rheinische Mädchen von Wendisch-Rietz 33
Stadtsommer 39
Berliner Notizbuch 41
Frierende Tänze 43
Berliner Familie 1931 46
Herberge und Heimat 48
Persönliches über Sphinxe 53

Paris

Pariser Hotel 57
Das alte Dôme 61
Pariser Saturnalien 65
Das Lederetui 68
Bagatelle 74
Ein Garten voll Weltgeschichte 78
Page und Königin 84
Rue Mouffetard 88
Bannmeile von Paris 92
Der Hosenboden 98
Hôtel Drouot 101
Passagen 107

Architekturen des Augenblicks 110
»Der Zeigefinger von Paris« 113
Hier tanzt man noch 115
Pause in Paris 119

Nachwort 125
Nachweise 155

Berlin

Rundfahrt Berlin

Strindberg behauptet, daß niemand seine eigene Frau kennt, weil er sie nur sieht, wenn er selbst dabei ist. In eben diesem Sinn glauben wir Einwohner, unser geliebtes Berlin, mit dem uns soviel Kontakte und Schicksale, soviel Verdruß und plötzliche Zärtlichkeit verknüpfen, nicht zu kennen. Wir eilen zu den uns auferlegten Arbeiten und Vergnügungen, aber in Berlin spazieren gehen, das getrauen wir uns nicht.

Um diesem Übelstande für mein Teil abzuhelfen, faßte ich jüngst einen Entschluß, kam auf einen listigen Anschlag: »Ich werde die Stadt geschwind, ehe sie sich's versieht, überraschen als Fremder.«

Unter den Linden nahe der Friedrichstraße halten hüben und drüben Riesenautos, vor denen livrierte Herren mit Goldbuchstaben auf den Mützen stehen und zur Rundfahrt einladen; drüben heißt das Unternehmen »Elite«, hüben »Käse«. Sei's aus Snobismus, sei's aus natürlichem Kleinbürgertum – ich wähle »Käse«.

Da sitze ich nun auf Lederpolster, umgeben von echten Fremden. Die andern sehen alle so sicher aus, sie werden die Sache schon von 11 bis 1 erledigen; die Familiengruppe von Bindestrich-Amerikanern rechts von mir spricht sogar schon von der Weiterfahrt heute abend nach Dresden. Mehrsprachig fragt der Führer neuhereingelockte Gäste, ob sie deutlich verstehen und ob sie schwerhörig sind; das ist aber keine Beleidigung, sondern betrifft nur die Platzverteilung. Vorn hat man mehr Luft, hinten versteht man besser.

Auf weißer Fahne vor mir steht in roter Schrift: Sight seeing. Welch eindringlicher Pleonasmus! – Mit einmal erhebt sich die ganze rechte Hälfte meiner Fahrtgenossen, und ich nebst allen andern Linken werde aufgefordert, sitzen zu bleiben und mein Gesicht dem Photographen preiszugeben, der dort auf dem Fahrdamm die Kappe von der Linse lüftet und mich nun endgültig auf einem Sammelbild zu einem Stückchen Fremdenverkehr macht. Fern aus der Tiefe streckt mir eine eingeborene Hand farbige Ansichtskarten herauf: Wie hoch wir thronen, wir Rundfahrer, wir Fremden. Der Jüngling vor mir, der wie ein Dentist aussieht, ersteht ein ganzes Album, erst zur Erinnerung, später fürs Wartezimmer. Er vergleicht den Alten Fritz auf Glanzpapier mit dem bronzenen wirklichen, an dem wir nun langsam entlang- und vorüberfahren. Ich sehe fragend zu dem Führer auf, der nichts über den reitenden König sagt. Er beruhigt mich lächelnd: »Da kommen wir später noch einmal hin.« Nun gleiten wir die Sonnenseite entlang. Hinter Marquisen eleganter Läden lockt Seidenes, Ledernes, Metallenes. – Die Spitzengardinen vor Hiller erwecken ferne Erinnerungen an gute Stunden, an fast vergessenen Duft von Hummer und Chablis, an den alten Portier, der so diskret zu den Cabinets particuliers zu leiten wußte. Aber ich reiße mich los – um gleich wieder eingefangen zu sein. Mitropa, Reisebüro, Schaufensterrausch aus Weltkarten und Globen, Zauber der grünen Heftchen mit den roten Zetteln verführerischer Namen fremder Städte. Ach, all die seligen Abfahrten von Berlin aus! Wie herzlos hat man doch immer wieder die geliebte Stadt verlassen.

Aber nun muß ich aufpassen. Wir biegen in die Wilhelmstraße ein. Und während mitten auf dem Damm der »Grüne« eine Kapellmeister-Bewegung macht, als ob er allzu lauten Geigern abwinke, verkündet unser Führer in seltsam amerikanisch klingendem Deutsch: Hier kommen wir in die Regierungsstraße Deutschlands. Still ist es hier wie in einer Privatstraße. Und wunderbar altertümlich und einladend wie Kindheitserinnerungen stehen vor der diskreten Fassade, hinter der Deutschlands Außenpolitik gemacht wird, zwei großscheibige Laternen. Was für ein sanftes Öllicht mag darin gebrannt haben zur Zeit, als sie zeitgemäß waren? Friedlich hinter Gartenhöfen wohnen Reichspräsident und Reichskanzler.

Aber unser Führer erlaubt mir nicht, in diesen Frieden zu versinken, sondern reißt meinen Blick zu dem mächtigen Gebäudekomplex gegenüber hin und ruft selbst verwundert: Alles Justiz! »Und hier«, fährt er fort, »vom Keller bis zum Dache mit Gold gefüllt, das Finanzministerium.« Das ist ein Witz, über den nur die richtigen Fremden lachen können. Ich tröste mich an der schönen Weite des Wilhelmplatzes, an des Kaiserhofs flatternden Fahnen, an dem grünen Gerank um die Pergolasparren des Untergrundbahneingangs und an Zietens gebeugtem Husarenrücken.

Ein Gewirr von Türmen, Buckeln, Zinnen und Drähten: die größte Geschäftsstraße der Metropole. Ich verpasse die Erklärungen über ein ehemaliges Kriegsministerium, indem ich ganz benommen Reklameplakate an einem großen Geschäftshause lese: »Angestaubte Ware zu niedrigen Preisen wegen Geschäftserweiterung«.

Ich kann überhaupt nicht Schritt halten mit dem Tempo unseres Cicerone. Während er schon beim Völkerkundemuseum ist, denke ich noch an vergangene Karnevalsfeste in der guten Kunstgewerbeschule, die nun nicht mehr im alten Hause wohnt. Er verkündet schon: Vaterland, Café Vaterland, das größte Café der Hauptstadt, und ich sehe noch auf blühende Büsche an einem kleinen Bretterkino, das vorstädtisch verloren zwischen den richtig Grund und Boden ausnutzenden Nachbarn stehen geblieben ist. Und wohin soll ich nun sehen, zu den Ausflüglern in hellen Röcken und Waschkleidern auf der Freitreppe des Potsdamer Bahnhofs oder zu dem berühmten Verkehrsturm auf dem Platz, der wie ein Schiedsrichterstuhl beim Tennis über niedlich kleinen Rasenflächen wacht?

Daß man nicht aussteigen darf, das ist das Schicksal der Fremden. Der Führer erzählt, daß im Postministerium ein Museum sei mit alten Postkutschen und Briefmarkensammlungen. Das hätt' ich gern gesehen. Ich hatte doch auch als Quartaner eine Sammlung. Thurn und Taxis hatte ich und alte Preußen. Gegen was hab' ich die wohl damals getauscht?

Gegen den lichten staubblauen Himmel leuchtet das patinagrüne Flügelpferdchen auf dem Dach des Schauspielhauses. »Bühneneingang«. Ihr andern richtigen Fremden, ihr habt da nie gewartet als Schüler auf die hehre Darstellerin der Jungfrau von Orleans. Ihr bekommt nur die beiden Dome gezeigt und eingeprägt, daß der eine der deutsche und der andere der französische ist. Von Schiller erwischt ihr nur ein verlorenes Profil. Er schaut wie immer auf Webers Trauermagazin.

Um die bescheidende adrette Werdersche Kirche dämmern alte Zeiten. Aus welchem Fontaneschen Roman sah man doch auf die Uhr dieser Kirche, damals, als es noch die Moral gab und die guten Weinstuben, in denen die Stammtische der Geistigen waren?

»Die Flüsse hier sind immer Spree«, sagt tiefsinnig der Führer und zeigt auf mehrere Wasserarme. Rasch sind wir vorüber an ein paar ganz alten Gassen. Ist das Berlin? Das müßte man wirklich einmal ansehen. Wenn man aussteigen dürfte. Ich nehme mir bestimmt vor, nächstens das mittelalterliche Berlin zu studieren. Da drüben, der grimme Roland am Märkischen Museum, kann es von mir verlangen. Ach, aber die Engroshäuser und Bürohäuser umher wollen nicht viel wissen von den beiden alten Kirchen, die zwischen ihnen geblieben sind.

Den Großen Kurfürsten auf seiner einsamen Brücke recht zu würdigen, hindern uns johlende Straßenjungen, die uns arme Fremde verspotten und rufen: »Det da drüben is Wasser und die im Auto sin der Zoologsche Jarten.« Gedemütigt kommen wir ans Schloß. Etwas zu lange verweilt unser Erklärer bei der Rückseite des früheren kaiserlichen Marstalls und beim Neptunbrunnen. Und als einige meiner Mitfremden das wundervolle Eosanderportal ansehen wollen, zwingt er die Blicke hinüber zu den vielen Marmorfalten und Allegorien des Nationaldenkmals. Den großen Dom, an den wir dann müssen, nennt er »sehr hübsch, besonders innen«. Aber mir zum Trost ist hier dicht vor uns an der Bordschwelle ein holdes kleines Gefährt gelandet. Auf roten Kinderwagenrädern bauen sich zwei Etagen auf mit Glasscheiben, darin stehen blinkende Nickelmaschinen mit Tellerchen und Löffelchen. Ein Eisverkauf: eine süße Zwergenwirtschaft, durchschimmernd wie Schneewittchens Sarg.

Hinter der Oper grünt die Kuppel der Hedwigskirche wie ein Türkis. Die alte Bibliothek steht freundlich und bequem wie eine Kommode. Vorüber, vorüber. Nun sind wir am Brandenburger Tor. Ich starre auf die leere, immer leerer werdende Mitteldurchfahrt, durch die jetzt niemand mehr fährt. – Wir aber eilen durch den Tiergarten bis nach Charlottenburg, bis zum Kaiserdamm, zur Heerstraße, und mit dem begreiflichen Stolz des Einheimischen lasse ich die Fremden die Straßenwunder bestaunen. Als wir dann aber ins weitere Charlottenburg geraten und vor jene gar so romanische Kirche kommen (in meiner Kinderzeit stand an ihrer Stelle ein wunderbarer alter einzelner Baum) – und als der Führer dieses Gebäude als eine der schönsten Kirchen Deutschlands vorstellt, werde ich wieder bescheiden. Rettend erscheint die Terrasse des Cafés. Ich fasse mir ein Herz, und steige aus. Die Freunde im Café machen große Augen, als sie mich von dem Käsewagen heruntersteigen sehen. – Ich nehme mir fest vor, demnächst in Berlin richtig spazieren zu gehen.

Im alten Westen

Höre ich das alte Lied »vom grünen Strand der Spree«, so denke ich nicht an den betriebsamen Fluß im Nordosten der Stadt, zwischen Geschäfts- und Fabrikvierteln, sondern an unsern alten Landwehrkanal, dessen Ufer bis in die achtziger Jahre, ehe er mit Steinquadern eingefaßt wurde, wirklich »grüner Strand« hießen. Kaum hat er Charlottenburg verlassen und kommt in den Berliner Westen, so säumen ihn Parkanlagen; und Brücken gehen über ihn, die fast wie Gartenstege sind. Der Übergang von dieser Gartenlandschaft in die Stadtlandschaft ist gelinde, und in dem Parkwinkel neben dem Klubhaus der Von-der-Heydt-Straße wird das Ufer noch einmal grüner Strand und das Wasser ein Ententeich, über den sich Weiden neigen.

Noch sind die Kastanienbäume dort winterlich grau, bald aber werden die feuchten farbigen Knospen sich zeigen, und wieder nach einer Weile werden die Blütenkerzen aufleuchten. Und die kleine Marmornymphe im Busch, die jetzt noch geduckt fröstelt, wird sich selig sonnen. Am nahen Lützowplatz spielen schon die Kinder um den großen Herkules-Brunnen. Leider dürfen sie nicht mehr, wie in früheren Jahren, über den Rand des Beckens klettern; das Spielen im Wasser und selbst das Betreten des trockenen Beckens ist jetzt, zur Vermeidung von Beschädigungen des Brunnens, verboten. Das ist sicher weise von den Stadtvätern. Aber die riesigen Flußgötter, die da mit ihren Nixen balgen, hätten wohl nichts dagegen, von den Kindern ein bißchen beschädigt zu werden, sie bröckeln gern wie alles, was hier im alten Westen als Hebe oder Flora in Gärten und Türnischen steht, als Sphinx auf Brückenrampen oder vor Hauseingängen lagert. Hoch über dem Brunnentreiben der Herkules würde auch nichts gegen die Frühlingsspiele der Kinder einzuwenden haben, sondern ruhig weiter, die Keule geschultert, hinüberschauen zu seinen beiden Mit-Herkulessen auf der Brücke, die sich, mit dem Löwen der eine, der andere mit dem Zentauren, zu schaffen machen. »Achtung Dücker!« lesen sie eine Tafel am Ufer, während sie ihre Taten verrichten, und dürfen ihre Opfer nicht ins Wasser stoßen. Denn dann könnten sie am Ende den Dücker (ich habe im Konversationslexikon nachgeschlagen und gelernt: Dücker, vom holländischen duiken = bücken, Unterführung eines Wasserlaufs unter einer Straße, einem Kanal) beschädigen.

Auf den Dücker müssen auch die Schiffer aufpassen, die hier durch den Kanal, auf dem noch vor wenigen Wochen Eisschollen trieben, mit langen Stangen stakend ihre Kähne flößen. Wird es Abend überm Wasser und treiben im blaßblauen Himmel porzellanrosa Wölkchen, dann ist diese alte Gegend, in der ›man‹ längst nicht mehr wohnt, eine verträumte Kleinstadt.

Den Abendwolken nach spazieren wir in den nahen Tiergarten. Zwischen den borkigen Stämmen der anderen Bäume leuchten glatt und grau die einzelnstehenden großen Buchen. Die Erde dampft ein wenig, und auf den Bänken sitzen schon die Liebespaare und – lassen sich nicht stören. Vom Spielplatz am Goldfischtisch kommen, trödelnd und eilend, die Kinder heim. Wir aber finden kleine Pfade, die noch aus den wilderen Zeiten des Tiergartens, ehe der Naturpark gelichtet und seine Wege verbreitert wurden, übriggeblieben sind.

Nacht bricht herein, als wir zurückkommen in die »Parklane« von Berlin. Von deren Fenstern sind nicht viele hell. Die meisten dieser alten Familienhäuser und Villen sind nicht mehr von den Nachkommen derer bewohnt, für die sie einst gebaut wurden. Gesandtschaften, Modehäuser, Büros einer GmbH haben das Privatleben verdrängt; und so ist es jetzt in den meisten Räumen dunkel. An ältere Zeiten, an die Tage, da mit seiner Stocklaterne der Philosoph Schleiermacher vom Hause seiner Freundin, der Hofrätin Henriette Herz, hier entlangkam, erinnern ein paar kleine, einstöckige Häuser, die, durch tiefe Gärten von der Straße abgetrennt, wie im Dunkel der Vergangenheit eingebettet liegen.

In der Frühlingsnacht lebt in den Querstraßen zum Kanal noch die Zeit unserer Jugend. Hier und auch in einigen Nebenstraßen der Maaßen-, Derfflinger- und Kurfürstenstraße führen nachts, wenn man die vielen Zettel und Schilder ›Zu vermieten‹ nicht sieht, manche Häuser ein wunderbares Inseldasein in ihren Gärten. Sandsteinerne Mythologie taucht auf, säulengetragene Vorhallen, runde Balkone und Glasveranden, auch hier und da Gartenlauben mit hölzernem Gitterwerk.

Heut wollen wir ganz im alten Westen bleiben, wollen einen Freund besuchen, der in einem dieser Häuser, die einst vornehm waren, über Läden und Büros, bei einer Zimmervermieterin wohnt. Sein großes Zimmer ist wohl der ehemalige Salon, und da, wo früher der Flügel gestanden haben mag, auf dem gebildet musiziert wurde, steht nun sein Divan voll möblierender Kissen schräg in den Raum hinein. Er hat auch einen Balkon für sich, so einen, wie ihn in dieser Gegend meine Tante hatte. Den liebte sie über die Maßen und pflegte sich um diese Jahreszeit regelmäßig auf ihm zu erkälten. Und wenn es wärmer wurde, mochte sie gar nicht von ihrem Balkon und ihrem Berlin fort. Sagte man ihr, wie schön es in den Bergen ist, erwiderte sie: »Ja, die Berge! Wenn ich die so von meinem Balkon aus vor mir hätte!« und blieb im alten Westen.

Wird er kommen?

Wird er »kommen«? Nämlich der Wein in den Kästen auf dem Balkon. Die dicke Dame, die vor mir in dieser Wohnung hauste, hat es mir versichert. Sie hat mir ausgemalt, wie dicht er sich rankt und die ganze Welt verhüllt. »Ganz versteckt sitzt man dann hier«, sagte sie und machte schrecklich verführerische Augen. Die grüngestrichenen Kästen, aus denen jetzt dürre Äste zackig aufsteigen, hat sie mir billig überlassen. Schön sind sie nicht. Wenn ich sie vom Maler streichen lasse, ob dann das Morsche verschwindet? Aber nun ist der Wein doch schon von der dicken Dame hineingepflanzt, und die Kästen passen in der Form genau in das Eisengitter. Es sind zwei zur Rechten und zur Linken, und in der Mitte zwischen ihnen ist noch einer, in den könnte ich Blumen pflanzen, Geranien oder Päonien, die sich weit hinunterranken. Oder aber Bohnen. Für Tomaten ist die Sonne hier leider zu schwach. Es ist ja nicht Südseite. Darauf habe ich beim Mieten wieder nicht achtgegeben. Müde habe ich der Dame die Kästen abgekauft, übernommen wie den kleinen grünen Ofen im Wohnzimmer, den sie damals, als die Wasserheizung so oft versagte, hat setzen lassen. Er würde gut sein für die Übergangszeit, hat sie gesagt. Weil jetzt gerade solche Übergangszeit ist, habe ich gestern Papier und Holz in diesem Ofen angesteckt. Er wollte nicht recht, hat sehr geraucht, ist es wohl nicht mehr gewohnt. Man wird ihn besser in den Keller schaffen und eine »Sonne« kaufen. Aber wir haben schon soviel anschaffen müssen. Und in den Keller geht er kaum noch hinein. Ist nur ein kleiner Keller. Ist ja auch nur eine kleine Wohnung. Dreieinhalb Zimmer, Hinterhaus vier Treppen ohne Fahrstuhl. Aber im Hinterhaus, das man hierzulande Gartenhaus nennt, im Hinterhaus vier Treppen hoch wohnt in Berlin die Seele.

Wird er kommen, der Wein in meinen Kästen? Der am Fenster nebenan hat schon Triebe. Ringsum in der Nachbarschaft knospet es schon. Inzwischen werde ich den mittleren Kasten versorgen. Im Seifengeschäft habe ich Tüten mit Samen gesehn, große Auswahl. Sieht alles wie Erbsen aus. Aber außen auf der Tüte ist immer eine sehr üppige Vegetation abgebildet. Die Drogistin sagt, das dankbarste sei »fette Henne«. Das ist so dankbar, sagt sie, daß man gar nicht nachzuhelfen braucht, kommt immer von selbst wieder. Ich wollte nun eigentlich am liebsten gleich blühende Blumen einpflanzen, und unter »fetter Henne« kann ich Unerfahrener mir im Augenblick nichts anderes vorstellen als die dicke Dame, die mir die Kästen überlassen hat. Und die wird doch nicht, wenn ich fette Henne pflanze, von selbst wiederkommen. Und bei »dankbar« muß ich an eine andere dicke Dame denken, die ich in einem Pensionsgespräch sagen hörte: »Gott, wissen Sie, Velvet ist so dankbar«. Dankbarkeit ist eine seltene Tugend auf dieser Welt. So will ich denn dankbar sein für alles, was in dem mittleren Kasten »kommen« wird. Jetzt ist er noch scheußlich anzusehn, voll Asche und Kerne und Scherben. Aber die beiden mit dem Wein? Morgens seh' ich die dürren Äste immer so lange an, bis es mir vorkommt, als sprieße hier und da schon was Winziges. Muß man eigentlich fleißig gießen? Und wann am Tage und wie oft? Einmal habe ich schon gegossen und Ärger gehabt mit dem empfindlichen alten Fräulein unter mir, weil's hinuntergetropft hat. Und das Fräulein war schon gereizt, weil ich neulich noch so spät Möbel gerückt habe. Es wollte schon zur Polizei schicken. Es hielt den Lärm wohl für eine Orgie. Aber wenn man in eine neue Wohnung zieht, muß man die Sachen doch erst ein bißchen hin und her stellen, bis sie eine Stätte gefunden haben.

Wohnen ist gar nicht leicht. Und wenn man eine neue Wohnung bezieht, wohnt man erst sehr heftig, hat Geschmack und Streit. Später gewöhnt man sich das Wohnen ab und überläßt das den Gegenständen, die auf ihre Art miteinander und mit uns Menschen auskommen. Man [illegible]ht mehr um. Man wartet, bis alles von selber »komm[illegible]ler Wein.

Schön still ist es hier. Die Bäume im Hof sind [illegible]nz grün. Auf dem Balkon gegenüber erscheinen man[illegible]vei kleine schwarze Mädchen, die aussehn wie Ja[illegible]en. Weit weg ist man hier von Berlin und doch mitte[illegible]nz mittendrin. Denn in Berlin, ich sagte es schon, [illegible] die Seele Gartenhaus vier Treppen ohne Fahrstuhl.

Märkische Epistel

Du, Erna, denk dir, ich hab' eine Wochenend-Eroberung gemacht, und die kann sich noch zu allerlei auswachsen. Mensch, halt mir den Daumen: ein chicker Junge und dabei dof, dof! Und Vater, der sonst immer komisch wird, wenn er Einblick in mein Seelenleben kriegt, Vater ist diesmal ganz Feuer und Fett. Und eigentlich selbst an allem schuld. Das kam so: Wir waren bei dem himmlischen Maiwetter an unserm geliebten Plätzchen zwischen den beiden Seen hinter Strausberg. Du weißt, da, wo der Laubwald bis ans Ufer kommt. Und vis-à-vis sind so chinesische Föhrennadeln. Eine Stelle, wo kaum jemand hinkommt, weil's gleich daneben so schilfig wird. Vater wäre ja lieber ins Belebtere gefahren, aber weil Mutter nicht mitkonnte, ihr war nicht gut, tat er mir die Liebe. ›Für den Wagen ist es ja nicht gut‹, sagte er. Ich sage: Unsere olle Lieferkarre, was der das schon schadet! Du kennst sie ja, wochentags Lacke und Farben, sonntags runter mit'm Aufsatz und rin mit de Weekendpölsterchens. Und vom Beruf bleibt hinten nur das Plakat mit dem Negerboy zu sehn, über den die Straßenjungen in der Köpenicker lachen. Erst war es so trocken, daß wir noch das letzte Ende Waldweg fahren konnten bis dicht an unsre Stelle. Nachmittags fängt's mit einmal zu regnen an. Wie wir nu, der Alte und ich, gemütlich unter der Zeltbahn hocken, er macht die Wurstbüchse auf und ich koche Kaffee, kommt was durchs Gras naß hergeschlappt: ›Die Herrschaften entschuldigen. Wir haben uns verirrt und sitzen mit dem Wagen fest usw.‹ Und da steht einer, und der Wind weht ihm durch seinen Trenchcoat und durch die Generalstabskarte, in der er sich nicht auskennt, und eine dicke blonde Strähne fällt ihm immer wieder fast bis auf die Nase. Vater gleich mit ihm los. Ich seh' ihnen nach, bis sie hinter dem Schilf verschwinden. Wie er so neben dem Alten hinstapft, der Junge, na ich sage dir: einfach Silhouette! Es dauerte ne ganze Weile, bis sie wiederkamen. Und dann waren sie nicht allein, sondern dem Jungen Seine war dabei, was mich erst ärgerte. Aber laß man, wirst schon sehn, wozu es gut war. Der Junge hat einen eleganten Picknickkoffer in der Hand. Vater stellt vor und sagt zu mir: ›Liebe Else, ich habe die Herrschaften hergebeten, damit sie nicht einregnen in ihrem Kabriolette.‹ Die also mit unter unsere Zeltbahn. Ich muß dann erst mit der Kalle reden, von Wetter, Berliner Umgegend und den ganzen Schmus; erfahre dabei gleich, daß sie ne Studierte ist, ne chemische. Inzwischen kann sich Vater, ganz in seinem Element, mit ihm über Autos austoben: weshalb das nicht das richtige ist mit der Kabriolettkappe... und was für Scheibenwischer man... und wenn der Kühler... na, da hatte er mal wieder ein besseres Publikum als mich. Schließlich griff ich ein und bot von unsern Vorräten an. Da wollten die auch mit ihren rausrücken. Der Junge machte den Picknickier auf. Der hatte innen eine Miniaturkühlanlage. Aber da war bei der Hitze und, weiß der Himmel wovon, das Salz ausgelaufen und hatte Unheil angerichtet. Und wie der Junge mit seinem Patentkorkzieher die Kognakflasche aufmachen will, glitscht der ihm ab. Na, da war Vater ganz groß. Er machte seinen Trick mit Serviette und Baumstamm, wobei er den Flaschenboden immer wieder sachte gegen den Stamm stuckst, bis der Korken von selber rutscht. Und dem Jungen seine Sodaflasche macht er mit einem Markstück auf. Lauter elegante Kapseln hatten die in ihrem feinen Felleisen. Aluminiumbehälter für die Eier, aber so versandet, daß sie nicht aufzubringen waren. Und als der Junge an seinen Konservenbüchsen drehen wollte mit dem lächerlichen Schlüsselchen, das mitgeliefert wird, nahm ihm Vater gleich das Zeug aus der Hand und langte das nötige aus seinem Werkzeugkasten. Die Chemische bewunderte ihn mächtig. Kurz, was wir klassenbewußte Proletarier sind, wir siegten wiedermal mit Spirituskocher, Halberstädterwurst, Stullen und derbem Werkzeug auf der ganzen Linie. Reizende Hände hatte er, zierlich und dabei knochig, mit denen er ungeschickt an seinen Behältern und Vorrichtungen herumstümperte. Das war ein Fressen für meine heftige Mütterlichkeit, kannst dir denken. Inzwischen war wieder schön Wetter geworden. Und ich schlug vor zu baden. Vater machte nicht mit. Die Chemische hatte wohl auch keine große Lust, aber mitmachen wollte sie doch, kannst dir denken, weshalb. Sie holten ihr Badezeug. Dottergelb kam sie an und mit einem Badehelm auf dem Kopf. Er in Braun mit einem niedlichen gelben Gürtel und sehr schlank. Edgar heißt er. Im Wasser war sie zimperlich wegen Schlinggewächse und Kälte. Und so konnten wir beiden andern uns auch noch nicht richtig austoben. Dafür lagen wir nachher schön lange in der schrägen starken Abendsonne nebeneinander. Ich in meinem kurzen Badetrikot ließ den Jungen auf meine braunen Beine sehn. Die Chemische hockte in einem Strandpyjama, und wenn sie die Hose mal hochstreifte, war das Fleisch drunter recht bläßlich. Trotz des Badehelms hatte sie Verdruß mit ihren halblangen Kringellocken, die gräßlich krausten. Immerzu petterte sie daran herum. Na, sie konnte sich ja zu Vatern rüber unterhalten, während er mir Liebes sagte, wovon später mal...

Dann war Vater wieder groß, als es heimgehn sollte und das armselige Kabriolett nicht loszukriegen war in dem lockern Sand. Er langte ein Seil aus unserm Wagen (hat ja immer alles dabei), band den andern dran, setzte sich ans Steuer und gondelte los. Neben ihm saß die Chemische und bezirzte ihn. Edgar und ich zu Fuß hinterdrein. Es dämmerte schon... Wir haben nicht viel geredet, und ich weiß noch gar nicht, was er eigentlich ist von Beruf. Abschied auf der Chaussee, nachdem Vater ihre Karre angekurbelt hatte. Morgen seh' ich Edgar allein nach dem Büro in einer kleinen Konditorei! Ach, weißt du, er ist so aufregend schüchtern, der dofe Junge! Aber laß man. Du, Erna, Vater möchte, ich sollte Examen machen und studieren. Ist das nötig? Geht's nicht auch so? Na, nu aber Gruß, Kuß, Schluß

deine einstweilen glückliche ELSE

An die Berlinerin

Schöne Berlinerin, du hast bekanntlich alle Vorzüge. Du bist tags berufstätig und abends tanzbereit. Du hast einen sportgestählten Körper, und deine herrliche Haut kann die Schminke nur noch erleuchten. In den sogenannten geistigen Dingen hast du – wie sagt man doch jetzt auf neudeutsch? – »letzten Endes« immer die richtige »Einstellung«. Mit der Geschwindigkeit, in der deine Stadt aus klobiger Kleinstadt sich ins Weltstädtische mausert, hast du Fleißige schöne Beine und die nötige Mischung von Zuverlässigkeit und Leichtsinn, von Verschwommenheit und Umriß, von Güte und Kühle erworben.

Manchmal kommst du mir geradezu vor wie jene schöne Polin der alten Operette, die »von allen Reizen die exquisitesten vereint«. Alle Fremden und Welterfahrenen sind sich darüber einig, daß es nirgends soviel schöne Mädchen auf der Straße und liebenswürdige Frauen in der Gesellschaft gebe wie in Berlin. Du hast dir soviel Mühe gegeben. Bist berühmt. Nur lerne noch, anmutig auf deinen Lorbeern auszuruhen.

»Scharre« nicht. Du weißt doch, was das heißt? Wenn eine, kaum zu Besuch gekommen, schon nach der Uhr am Handgelenk späht und locker sitzt, weil sie heut noch so furchtbar viel vorhat. Lerne Gegenwart, sei nicht immer unterwegs. Es sieht ja reizend aus, wenn du beschwingten Schrittes an den noch Langsamen vorübergleitest und sicher durch die Menge zum Schaufenster steuerst, genau an die Stelle, an der du etwas Bestimmtes zu konstatieren hast. Aber mir geht der Atem aus, wenn ich deinen Knöcheln nachsehe, meine unwandelbare Verehrung für dich bekommt etwas Asthmatisches. Verweile doch... Nicht so faustisch, Fräulein!

Bitte flaniere. Das ist ein Fremdwort und wird ein fremder Begriff bleiben, bis du dich so bewegst, daß ein neues Wort von deinem schönen Gange redet. Lustwandeln ist zu langsam und kleinstädtisch. Berlinerin, schaff' ein neues Wort. Mach' einen Korso aus deinem westlichen Boulevard Tauentzienstraße – Kurfürstendamm. Noch ist er Stockung und Häufung, noch ist er voreilig. Schöne Berlinerin, sei gelassen!

Schöne Berlinerin, sei doch nicht so ehrgeizig! Wenn du mir auf dem Ball begegnest, erzähl' nicht gleich, welche Berühmtheiten du alle schon gesprochen hast. Begrüß' mich nicht gleich: »Haben Sie den C. V. gesehen? Sieht er nicht wieder himmlisch aus? Er sagte mir eben, daß die D. nicht daran denkt...« Laß doch die armen Prominenten. Es bekommt ihnen gar nicht, daß du sie soviel ansiehst. Sie stehen wie im Käfig und laufen Spießruten.

Im Januar warst du in St. Moritz und hast lauter großes Europa kennengelernt oder wiedergesehen, die Comtesse d'O., und den Baron M. de R., mit Lady D. hast du geluncht, mit Lord C. getanzt, mit dem neuesten französischen Dichter hast du Eishockey gespielt. Beinah wärst du dem Herzog von A. vorgestellt worden. Davon mußt du nicht erzählen! Ich empfehle dir den Snobismus derer, die in der großen Welt so selbstverständlich zu Hause sind, daß sie es gar nicht mehr der Mühe für wert halten, darüber zu berichten.

Im Frühjahr wirst du nach Paris gehn. Mach's da bloß nicht zu richtig. Finde nicht gleich alles zauberhaft, was anders ist als zu Hause. Die Stadt Paris wird dir viel mehr entgegenkommen, wenn du dich ein bißchen sträubst. Ängstige dich nicht vor den Leuten, die, wenn du zurückkommst und deine Erlebnisse berichtest, sagen: »Jockey? Da geht doch kein Mensch mehr hin. Waren Sie denn nicht im Jungle? Bal musette? Fremdenfalle. Negerball? Längst überholt. Ausstellung im Teesalon der Großfürstin ...poff? War schon voriges Jahr schwach!«

Ich an deiner Stelle würde den Leuten sagen: »Ich habe alle Vormittage dazu benutzt, den Louvre und das Guimet und das Musée Cluny mit Ruhe zu durchwandern, und wurde davon so müde, daß ich jeden Abend um elf Uhr todmüde ins Bett fiel.«

Junge Berlinerin, sei nachsichtig mit deinen unmündigen Eltern! Ärgere dich nicht, weil sie es so schrecklich gut mit dir meinen. Suche ihnen altväterische Reize abzugewinnen. Sei froh, wenn sie nicht »mit der Jugend mitgehn« wollen. Das wäre viel peinlicher als ihr rührender Widerstand, der dir doch ein ganz hübsches Relief gibt. Kläre die braven Leute nicht unnötig auf, teile ihnen nicht mehr mit, als sie fassen können.

Und was die Liebe betrifft... Ich habe schon gelernt: die heimliche, von der niemand nichts weiß, ist abgekommen. Und du erzählst, die Hände am Steuer, bei hundert Kilometer Geschwindigkeit auf der Avus ganz gern beiläufig von deinem letzten Liebesweh wie von Zahnschmerzen. »Au!« sagst du, »gestern hab' ich mich gräßlich verknallt, noch dazu in einen, der gar nicht mein Typ ist.« Sei doch lieber manchmal bitte ein bißchen sentimental, schon der Landschaft und uns alten Zuschauern deiner Jugend zuliebe. Nimm dich nicht gar zu sehr zusammen. Laß dich ein wenig gehn. Weine nicht all deine Tränen in das einsame Kopfkissen. Gönne uns ein Teil, laß uns zusehn, wie du weinst, und erzähle nichts. Es ist lehrreich, ein gutes Mädchen weinen zu sehn.

Quäl' dich nicht soviel. Es tut dir nicht gut. Vertrau' auf alles, was dir auffällt und einfällt. Bist ja ein kluges Kind. Aus Schamhaftigkeit redest du manchmal frivoler, als dir zu Mute ist. Brauchst du nicht. Sei nicht so ehrgeizig, sei gelassen. Gib dich lieber einen Grad tugendhafter, als du es bist. Dann wirst du unwiderstehlich sein.

Du runzelst die Stirn? Lernst du schon wieder so schnell? Dann bitte vergiß alles, was ich da gesagt habe. Und sei, wie du bist!

Untergrundbahnhof. Vor uns ein stolz rotbraunes Zottelhaar über bescheidenem Kaninkragen.

»Pencka!« Sie dreht sich um. »Ohne Katja? Wohin allein?«

»Ich allein heut Filmbörse warten. Katja schon angekommen Babelesberg.«

Pencka ist erst ein paar Monate von der bulgarischen Heimat fort, aber sie verfügt bereits über eine Anzahl deutscher Vokabeln. Das Fehlende ersetzt lebhaftes Gebärdenspiel. So jung sie ist, sie war schon Schauspielerin. »In Androkul und der Löwe ich habe gespielt«, sagt sie und schüttelt ihre Mähne, als habe sie den Löwen gegeben. Zur Zeit will sie es mit dem Film versuchen. »Wart ihr auf der Russenbörse?«

Pencka, fast entrüstet: »Wir nicht wilde Börse, wir gute Börse. Hier Straße.«

Sie führt uns in das große Haus mit den vielen Arbeitsämtern. Da hat allabendlich die Filmbörse ihre Stätte. In dem einen Saal warten die Männer, im andern die Frauen, und im Mittelgang ist hinter Schranken das Büro. Mit seinen kahlen Tischen und Kartotheken sieht es auf den ersten Blick etwas düster aus. Aber da sitzt »gute Frau«, wie Pencka sie nennt. Und wenn man mit der spricht, wird's gleich heller und freundlicher.

Während Pencka zu den Frauen hinübersteuert, dürfen wir uns eine Zeitlang zu »gute Frau« setzen und zusehn, wie sie die Hilfsbedürftigen empfängt, ihnen gute Ratschläge gibt und die Personalbogen ausfüllen hilft. (Vor- und Zuname: Käthe Schmidt, Künstlername: Cara Sovretta usw.) Alle lieben sie, und sie behält jedes Gesicht und Schicksal. Da kommt der Alte mit dem kupfrigen Gesicht und dem eisengrauen Lockenkranz um den kahlen Charakterkopf. »Wie geht's Coco?« fragt sie. Coco ist sein Papagei und Mitarbeiter. Oh, er hat noch mehr Tiere, einen Pavian, einige Schlangen, einen Alligator, berichtet er uns, und früher hatte er ganze Menagerien. Er haust gut zusammen mit seinen Tieren, lieber als mit Menschen. Ihm zuliebe vertragen sie sich untereinander. Er braucht ihnen nur in die Augen zu sehn. Er spricht im sonoren Ton der alten Schauspielerschule. Früher war er selbst Mime und einige Zeit Theaterdirektor in Pommern. Von der Bühne will er nichts mehr wissen. Er erhebt seine guten roten Wärterhände. »Lieber geh ich mit meinen Tieren auf Wanderschaft. Ich produziere sie nicht auf Variétés, nein, in wissenschaftlichen Gesellschaften. Da zeig ich den Herren Professoren, wie die Seele des Tiers beschaffen ist, wie der Wille magisch übergeht. Liebe ist die beste Dressur!« Ja, nun wird er sich hinüberbegeben in den Männersaal und warten, ob man ihn und die Seinen brauchen kann. »Wie oft hat mein reicher Freund in Oberglogau zu mir gesagt: Warum wirfst du nicht den ganzen Krempel hin und kommst zu mir mit Coco? – Er liebt Coco. Aber nein. Solang ich noch selbst für meine Tiere sorgen kann, verlier ich den Mut nicht. Und ihnen kann nichts geschehn. Der Postbote hat Anweisung, wenn ich morgens um neun einmal nicht mehr öffne, die Behörden zu benachrichtigen. Dann finden sie auf meinem Tisch ein Testament mit ausführlichen Bestimmungen.«

Inzwischen hat sich dem Mitarbeiter von »Gute Frau« ein Neuer genähert. Mit weißem, fettem Gesicht und üppigen Schultern neigt er sich über den Tisch, weist Diplome und Bilder vor und sagt ein langes Sprüchlein auf. Nicht nur, daß er verschiedene noch unbekannte Tricks besitzt, er beherrscht auch eine Reihe von Sprachen, das Englische, Französische, Ungarische, Italienische, ferner Pariser Patois und Genueser Stadtdialekt. Von letzteren gibt er gleich im selben Satz seltsame, etwas erschreckende Beispiele. Obendrein ist er Damenimitator, was er mit hoher Stimme kundtut. Diese Tugend illustriert er mit Bildern in weiblicher Tracht. Dieser besondre »Trick« wird ebenso wie alles andre sorglich notiert, ehe er in den Männersaal geht.

Wir aber besuchen unsre Pencka im Frauengelaß. Sie spielt mit Schicksalsgenossinnen Karten. Setzen dürfen wir uns nicht zu ihnen. Nachdem die Mädchen mit einem Blick konstatiert haben, daß wir keine Regisseure sind, beachten sie uns weiter nicht. Flirt ist hier nicht am Platze.

Mein Begleiter lenkt hinüber zu einem Tisch mit älteren Damen. Die vertreiben sich die lange Wartezeit nicht mit eitlem Spiel, sie machen Handarbeiten. Nur die eine, die Rothaarige, die etwas böse dreinblickt, löst mit gezücktem Bleistift ein Kreuzworträtsel. Und die stattlichste sitzt einem imaginären Publikum zugekehrt (wie auf der Bühne eine Diva im Chor der Gefährtinnen sich durch ihre Haltung hervorhebt). Sie fängt ein Gespräch mit uns an. Sie scheint von früher her gewohnt, mit der Presse zu verkehren.

Am alten Lessingtheater noch vor Brahms Zeiten hat sie debütiert. Wie schlank sie damals war, können wir uns nach dem Vorhandenen (sie zeigt auf Bestandteile) wohl kaum vorstellen. Ihr besondres Gebiet war die Naive, aber Freunde entdeckten ihre Begabung für Charge. Und so kam sie ans Variété und Kabarett. Die besten Chansons wurden ihr auf den Leib geschrieben. »*Nach* Willy Prager bin ich aufgetreten. Eine Villa hatte ich damals im Süden. Tempi passati. Nun muß man zusehn, was man kriegt. Aber ich sage mir immer, Kopf oben behalten, Miez!...«

Man flüstert neben ihr. Sie neigt das Ohr hin, greift dann schnell nach dem Kissen, auf dem ihre Häkelarbeit lag, und stopft es unter die wollne Bluse vor die schon recht stattliche Brust. Warum? Es kommt gerade ein Regisseur, der »dicke Dame« sucht. Leider hat die Gute kein Glück. Die geübten Augen des Herumspähenden finden eine Aspirantin von natürlicherem Riesenumfang. Die folgt ins Büro. Wir hinterdrein. Mit gigantischer Betulichkeit neigt sie sich über sein Notizbuch. Wie matt und sachlich er dreinschaut, der Vielgeplagte. Hier ist er ein umschmeichelter großer Herr. Draußen im Atelier wohl nur der Geringeren einer. Nun hat er die Dicke erledigt und telephoniert: »Jawohl, Reisekostüm, vielleicht mit kleiner Handtasche. Sie haben selbst? Um so besser. Aber elegant, verstanden? Nicht so'n Plaidpaket wie's vorige Mal.«

Er geht zu den Männern hinüber. Wir folgen. Wie sie sich aufrichten vom Tarock, die Herrn Charakterköpfe! Der mit der Tabakspfeife wird ganz Genrebild. Ein faltiges Gelehrtengesicht setzt die düsterste Miene auf, die es vorrätig hat. Ach, aber der Mächtige wählt einen Bart, einen richtigen Schusterbart, der selbst ganz überrascht ist.

Am Büfett bricht ein Streit aus. »Was tust du hier, bist ja nicht eingetragen! Was kannst du denn?«

»Ich bin ›Mann auf der Straße‹«, verteidigt sich der Angegriffene, ein blasser Gesell mit schütterem Bart in abgeschabtem Mantel. »Zehnmal, zwölfmal bin ich genommen worden.« »Gute Frau« muß zu Hilfe kommen und die Streiter trennen. Sie nimmt den »Mann auf der Straße« beiseite, sie wird für ihn telephonieren, das nächste Mal soll er etwas Schriftliches mitbringen. Nur jetzt keinen Zank.

Die beiden Säle leeren sich. Müde Gesichter. Pencka kommt zu uns, wiegt traurig das Köpfchen: »Schöne Mädchen heut nicht gefragt. Morgen wieder hier. Jetzt heim, kochen für Katja. Katja hungrig Babelesberg.« Und dann trottet sie geduldig hinter den andern drein, von denen schon so viele eine große Zukunft hinter sich haben.

Das rheinische Mädchen von Wendisch-Rietz

Klaus Heinrich aus dem Kreise Lebus kam nur selten nach Berlin. Des Vaters Fabrik nahm ihn zu sehr in Anspruch, und seine Geschäfte und Besorgungen ließen sich fast ganz in Beeskow und Fürstenwalde erledigen. Was er in der Hauptstadt zu tun hatte, war bald getan, und dann blieb immer noch der lange Abend mit all seinen Verlockungen. Man macht sich keinen Begriff, wie schön die Berlinerinnen werden, wenn man mit dem letzten Abendzug fort oder bis zum nächsten Morgen um sechs Uhr bleiben muß. Meistens entschlüpfte er noch glücklich mit dem Abendzug den großstädtischen Gefahren. Das letzte Mal – aber wir wollen nicht vorgreifen.

Er wollte sich das berühmte neue Etablissement ansehn, von dem man soviel zu hören bekommen hatte. Schon von weitem lockte die Prunkkuppel, die sich mit tausend Lichtern zu drehen schien. Am Eingang bekam er ein Programm in die Hand gedrückt, in dessen mannigfache Versprechungen er sich so vertiefte, daß er zunächst von der Pracht umher nichts sah. Dann fielen ihm vornehme Erscheinungen auf, die in der riesigen Halle des Hauses, welche durch zwei Stockwerke geht, teils einzeln, teils zu mehreren an kleinen Rauchtischen müßig saßen. Er bewunderte diese Gelassenen, die es weder zu Geschäften noch zu Vergnügungen eilig haben, und suchte sich die lässige Haltung der Herren einzuprägen. Über die Damen floß aus Beleuchtungsanlagen, die im Plafond halb verborgen waren, milchiges Licht. Neben ihnen auf den Tischen lagen als Attribute ihres hohen Wesens Täschchen aus Metallschuppen oder buntbesticktem Stoff. Vor diesen Unnahbaren rettete er sich in den Fahrstuhl, der ihn zur Rheinterrasse hinauffuhr. Mit dieser Angelegenheit begann das Programm, ehe es zu den internationalen Darbietungen über ging. Am Eingang staute sich das Publikum: Es war gerade eine Vorführung zu Ende. Im Gedränge fühlte Klaus Heinrich sich sanft beiseite geschoben von einem duftenden Arm, und dann glitten an dem Erstaunten die rheinischen Tänzerinnen vorbei. Mit erhobenen Händen hielten sie Rebenreifen über ihre blonden und braunen Köpfe und verließen mit leise hüpfendem Gang die Halle. Die letzte drehte sich unter ihrer Girlande halb nach ihm um. Das war doch niemand anders als die Miez! Die Miez aus Wendisch-Rietz, seine erste und einzige Liebe. Die Miez, die er nie wiedergesehn seit jenem Abend am See, im Busch. Er wollte ihr nach, da stieß ihn einer in samtener Jacke heftig beiseite. Und hinter dem drängten noch einige solcher Samtjacken, wie man sie auf alten Bildern von der Burschenherrlichkeit sieht. Das waren die rheinischen Sänger. Klaus Heinrich geriet mit einem Schub Menschen in das Terrassenrestaurant und an einen Tisch, von dem er das prächtige Panorama mit Rebenhügeln, Wellen und Ruinen übersehen konnte. Er war sehr durstig, aber noch ehe er sein Glas ansetzen konnte, verfinsterte sich der gemalte Himmel. Ein Gewitter wurde veranstaltet. Als es nach Donner, Blitz und Regen wieder hell wurde, sah Klaus Heinrich in den Wogen des Flusses das Lächeln seiner Miez. Er fragte den Kellner, wann die nächste Tanzvorführung sei. In einer Stunde. Jetzt sei größere Pause. Er solle sich doch inzwischen das türkische Café, die Wildwestbar oder die Bodega ansehn. Klaus Heinrich goß seinen Wein hinunter und las im Programm. Das sandte ihn zunächst nach dem Münchner Löwenbräu. Die Einrichtung des Bierkellers war so »lebensfreudig«, wie das Programm es verhieß. Hinter einem Glasfenster war die wildromantische Szenerie des Eibsees zu sehn. Klaus wollte erst nur durchgehn, aber da stand mit einmal eine reizende, etwas üppige Kellnerin neben ihm in einem Strohhütchen mit Feder, blauer Jacke und gerafftem Rock und jodelte gerade zu einer Stelle der Musik, die auf der Estrade gemacht wurde. Klaus saß. Sie brachte ihm zu trinken, wollte durchaus, daß er einen Rettich und »Gschwollne« esse, aber sich zu ihm setzen, das durfte sie nicht. Allein, als dann im Saal Dunkelheit und überm Eibsee Alpenglühen eintrat, stand sie angenehm nah hinter ihm. Und Miez? Ob sie noch manchmal an ihn dachte? Warum war sie nach Berlin gekommen, statt in des Vaters Gastwirtschaft zu bleiben? Und wie hierher?

Grinzinger Heuriger unter Windlichtern in der Fliederlaube am Alt-Wiener Basteitor und Tokaier im ungarischen Dorfwirtshaus, wo die Czardasmädchen aus der sonnendurchglühten Pussta wirbelten, erregten in Klaus das Bedürfnis, einen Kaffee zu trinken, um den Kopf frei zu bekommen für das Wiedersehn. Im orientalischen Café gab's nicht nur Mocca double (wie man in der Hauptstadt den Bohnenkaffee nennt), sondern etwas gradezu Türkisches mit Satz. Am Nebentisch saß ein offenbar ausländisches Paar. Der Herr hatte eine Art Theaterdomino um und funkelnde Ringe am Finger. Er strich seinen schwarzen Knebelbart und flüsterte mit der Dame. Die war sehr brünett, ihre Wangen schimmerten wie altes Elfenbein oder Meerschaum. Plötzlich war der Herr fort und Klaus bekam von ihr einen Blick. Der war schlechthin wie Tausendundeinenacht. Klaus versuchte sich auf das Bosporuspanorama zu konzentrieren. Aber kaum schielte er dann einmal schüchtern zur Nachbarin, so zeigte sie lächelnd mit dem Kopf auf die Moscheen hinter den Wasserpfeifen und fragte: »Sie kennen Konstantinopel?« Unauffällig setzte sie sich zu ihm. Schauspielerin war sie und auf der Durchreise. Der Herr vorhin, ihr Impresario, mußte noch schnell ins Hotel Bristol, ein paar Direktoren zu sprechen, mit denen sie wegen Gastspielen in Unterhandlung stand. Klaus fand ihren Akzent russisch. Ihre Mutter sei Polin gewesen, teilte sie mit, der Vater balkanischer Offizier. Berauschend war sie, aber die Zeit verging.

Bald wird die Miez nebenan rheinisch tanzen... Die Orientalin war gern bereit, ihn auf die Terrasse zu begleiten. Dort erfuhr er, daß die Tänzerinnen jetzt im großen Ballsaal als deutsche Girls aufträten. Dort gefiel's der doch weitgereisten Schauspielerin unter einem Himmel aus lauter buntgeschliffnen Spiegeln. Palmenschäfte trugen als Säulen den Saal. Auf der kreisrunden Tanzfläche wirbelte ein Jüngling in Badehose eine Dame, die zu solcher Hose nur noch einen Büstenhalter trug, so lange herum, bis sie nur noch mit Knöchelschleife ihm um den Hals hing. Und dann rauschten die deutschen Girls herein, glitten so dicht vorbei, daß ihre Gazeschleier Klaus Heinrich streiften. Und da, die Letzte, in ihren Schleiern noch unschuldiger anzusehn als vorhin in Winzertracht: Miez, rheinisches Mädel aus Wendisch-Rietz. Die Girls standen bengalisch beleuchtete Gruppe um eine Spitzentänzerin. Vor Klaus' Augen flimmerten Ballettbeine und viele Gesichter der Miez. Die Nähe wurde rote Finsternis. Seine Begleiterin unterhielt sich mit dem Kellner. Über ihr wedelte mit dem Bindfaden ein Ballon, den ihr ein Herr vom nächsten Tisch geschenkt hatte. Als dann die Gazeschleier wieder vorbeirauschten, sprang Klaus auf und taumelte hinterdrein. Doch da stellte ihn einer der Scholaren im Samtrock, verbot ihm, »die Dame zu belästigen«. Studenten! dachte Klaus. Korps! Duell! Er suchte im Rock nach seiner Visitenkarte. Da er den ungewohnten Gehrock trug, fand er nicht gleich das Gesuchte. Das wartete der Widersacher auch gar nicht ab, sondern übergab ihn einem Mannsbild, das eine bunte Binde um den Kopf und eine noch buntere um den Bauch trug. Klaus ließ sich mitziehn die immer marmorner, immer steiler werdende Treppe hinunter. In der Bodega kam er auf eine Tonne zu sitzen, rundlich wie die Säulen, welche oben die bogige Wölbung trugen. Dämmerlicht quoll aus einer Laterne über seinem Schädel. Spanierinnen drehten sich zwischen den Tischen hindurch und rasselten erregend mit den Tamburinen. Ihre Tücher züngelten nach Klaus. Oh, ganz Europa war verschworen, ihn von Miez zu trennen. Und nun kam noch Amerika dazu mit der Wildwestbar, in der er auf seinem feuchtgewordenen Programm kaum noch entziffern konnte, daß er die ganze Romantik der Prairie empfinde. Um die Lichter schwammen Schilfkränze, von der Kapelle grinste ein Negergesicht. Und dicht vor Klaus tanzten zwei Mädchen mit pariserischen Filzkappen, die tief in die Augen saßen, und jeder baumelte das Täschchen der andern mit der dazugehörigen Hand hinterm Rücken. Schon hatten sie Klaus in ihre Mitte gezogen und drehten ihn. Näher grinste der Neger. Elfenbeinern glitt das Gesicht der Orientalin dazwischen und ihre Lippen schienen Klaus zu beschimpfen. Dann bestellten sie und die Pariserinnen beim Cowboy Nahrungsmittel. Plötzlich das feiste Gesicht des Scholaren. Klaus wütend auf ihn los: »Wo ist meine Miez?« »Das ist doch meine Dolly von der Blauen Maus!« Klaus fährt ihm an die Gurgel, drängt ihn bis zum Durchgang. Dort entwischte der Gegner und Klaus sank einem riesigen Bären in die Arme. Es war aber nur ein ausgestopfter, der ihn freundlich aufnahm. Von der andern Seite stützte ihn ein wohlwollender Bayer. Klaus stierte ihm auf die kunstgewerbliche Tätowierung seiner Beinkleider und flehte um Miez, verfluchte die welschen Frauen: »Ach hätt ich doch am Rhein gewartet!« »Da wachsen unsre Reben«, sang der Bayer und trat mit dem Schützling auf den offnen Balkon. Da lag in milder Nacht gutmütig gelbbraun der alte Bahnhof…

Klaus meinte schon Stampfen und Bimmeln seiner Kleinbahn zu hören, da legte sich ihm eine Hand auf die Schulter: Fröstelnd im Girlgewand stand sie vor ihm. »Miez!« »Klaus Heinz, du kennst mich noch?« Kennen? Heiraten wollte er sie! Von keiner andern wollte er wissen. Was sie all die Zeit getan, danach fragte er nicht. Er hatte ja selbst erfahren, wie gefährlich es in Berlin sei.

Das gab ein merkwürdiges Verlobungsgelage in der Bar,

alle waren geladen, die welschen Schönen, Cowboy und Bayer. Sogar der Scholar gesellte sich dazu, schloß Klausen in seine Arme und versprach, die Miez von ihrem Kontrakt loszueisen. Und dann wurden alle zur Hochzeit geladen. Die sollte in Fürstenwalde stattfinden. Nur eine große Bahnstunde von hier. Da gab es einen schönen Festsaal. Natürlich nicht zu vergleichen mit dieser Pracht hier!

Stadtsommer

»Nun geht schon, reist in euren Ozon, von dem die Beiblätter der Zeitungen voll sind«, sagt die große Stadt zu den Herren Bewohnern. »Schüttelt meinen Staub von euren Schuhen, speichert Gebirgsluft, spart und lungert an der See, laßt eure Bräute bräunen, nehmt unterwegs Sehenswürdigkeiten mit, die gerade auf der Reiseroute liegen, geht und bleibt recht lange weg. Ich will mich inzwischen ein bißchen von euch erholen.

Ich werde meinen stillen und surrenden Sommer haben. Ich werde dünsten im Licht. Meine Steine, sonst von Feuchte oder Kälte gerandet, werden abgeben und abbekommen von Wärme, werden ein wenig über ihre Grenzen quellen und leben.

Sonntagvormittage wird es geben in meinen Straßen: Da habe ich selbst die daheimgebliebenen kleinen Leute in die Umgegend abgegeben, in das Grüne. Da hat mein Pflaster Ferien von allen Trampelschuhen und Stolperspitzen. Ganz unbelaufen strecken sie sich im Lichte, die langen Pflasterreihen. Da bekomme selbst ich ebenste der Ebenen leise Schwellung wie zu Knie und Hüfte und atme talauf und hügelab.

Hinter vielen heruntergelassenen Läden von Wohnungen und geschlossenen Etablissements, in leeren Nixengrotten der alten und Barwinkeln der neuen Vergnügungsviertel werde ich, besonders am hellen Tage, meinen Dornröschenschlaf haben.

Aus meinen Hinterhäusern werden... nur für mich selbst und das märchenblasse Portierkind, das den Sand zwischen den Hofsteinen aufkratzen darf... düstere Burgen und heitere Paläste werden. Und die drei Stufen zum Hinterhauseingang werden heilige Schwelle. Baustellen werden Ruine oder Bergwerk, das im Streik dämmert.

Von meinen verlachten Fassaden aus der Zeit des schlechten Geschmacks rinnt bröckelnder Steinsand leise und bedeutsam wie Sand im Stundenglas. Die plastischen Puppen auf meinen Brücken, an Ecken und Plätzen dürfen nun auch ungestörter streuen (wie alte Schaukelpferde) und werden ein wenig Torso, bis ihr wiederkommt und repariert.

Wenn's nur recht heiß wird. Dann schimmern meine Runzeln wie Spinnweben im Licht, meine steinernen Runzeln, und ich werde würdig wie eine alte Frau. Aus all den Bakterien, die ihr jetzt meidet, und aus Steinkrankheiten dunstet eine Schicht zusammen, die legt sich wie Grünspan auf meine Flanken, und ich, Berlin, ich kriege Charakter.

Ich große Stadt freue mich auf den Sommer, in dem ich ein wenig leerer werde von den Menschen und voller von mir selbst. Viele Sommer machen vielleicht doch noch aus mir eine alte Großstadt.«

Berliner Notizbuch

Als Aufenthalt sind manche kleineren Berliner Restaurants mit ihren grünen oder roten zu tiefen Sofas, den linearen Ornamenten auf ihren eckig abgeteilten Fenstervorhängen, den Kleiderständern, an deren unteren Haken Zeitungen in Sammelklemmern hängen, nicht gerade beglückend. Aber während man an solcher Stätte als einzelner Konsument eines Menüs zu 1,25 an langen Saucen leidet, bekommt man oft Gelegenheit, interessanten Gesprächen des gebildeten Mittelstandes zu lauschen. So wurde ich jüngst aufmerksamer Zuhörer des Tischgesprächs dreier würdiger Matronen, die, aus der Dienstfertigkeit des Kellners zu schließen, Stammgäste dieser Speisestube zu sein schienen, welche mit Bildern von Helden der Freiheitskriege deutsche Art betonte. Die Damen redeten von alter und neuer Kunst, wobei die neue nicht eben gut wegkam.

»Heutzutage«, sagte die eine – sie hatte auf dem Busen, den Paul Morand eine ›poitrine d'avant-guerre‹ genannt hätte, ähnliche Ornamente gestickt, wie sie auf den Fenstervorhängen waren –, »heutzutage ist in der Malerei alles nur Beleuchtung. Haben Sie im vergangenen Jahr die Corinth-Ausstellung geseh'n?«

»Also, dieser Corinth – Lovis nennt er sich, heißt wohl Louis –, wenn der nicht ein Jude ist!« meinte verdrossen die mit dem Lehrerinnenkneifer. Und als man dann auf Bildhauerei kam, erklärte sie: »Mir geht eben nichts über die Gotik. Das war eine Periode!«

»Mein Mann«, warf die dritte ein, die von allen am verheiratetsten schien, »der geht ganz in der Antike auf. Die kommt nie wieder.«

»Ach, wissen Sie«, bemerkte fein die Antisemitin, »es ist eigenartig, wie doch manches wiederkehrt. Da war ich neulich in dem Museum, ich trug meinen grünen Filzhut, der ja nicht gerade hochmodern, aber doch erst einige Jahre alt ist. Da kam ich in den Saal mit den römischen Helmen, die eine so schöne Patina haben. Ich nahm meinen Filzhut ab und hielt ihn neben so einen Helm. Nein, Sie machen sich keinen Begriff, wie ähnlich mein Hut und der alte Helm waren. Der Aufseher, der interessiert hinzukam, hat es auch gefunden. Es wiederholt sich eben alles.«

Frierende Tänze

Grau schimmern die kleinen sandsteinernen Götter, die porösen Putten vor den grünen Gartenbüschen. Regenschwere Wolken kommen über den See her. Etwas abseits vom Schwarm der Gäste plaudert die zierliche Frau Toinette, die immer noch sehr jung aussehende Herrin des Hauses, mit einem Graulockigen in abgeschabtem Gehrock. Der alte Anselm Schimmelmann, der ihr einst in der Heimat, dem thüringischen Residenzstädtchen, die Anfangsgründe des Klavierspiels und der Harmonielehre beigebracht hat, ist plötzlich – »Das ist aber eine Überraschung!« – in die Hauptstadt gekommen. Wie reizend, daß er sie gleich aufgesucht hat. War's schwer, den Weg zu finden hier draußen bis zu ihrem Haus am See? Schade, daß er in solch einen Trubel von Teegästen geraten ist. Mozartmusik ist das freilich nicht, was da aus dem Saal vom Grammophon herüberschallt. Nun gilt es, ein paar Schritte auf und ab, Erinnerungen aufzufrischen: an den Flügel im blauen Salon der Eltern, an das alte Hammerklavier der Tante Hofdame... Seltsam kommt es ihr vor, daß sie einmal für dies schon damals graue Lockenhaupt geschwärmt hat.

Kaum hat sie im Garten der Vergangenheit zwischen Strauch und Hecke ihren schmalen Mädchenpfad ein wenig herausgefunden, ist schon einer ihrer jungen Freunde zur Stelle und holt sie zum Tanz in den Saal. Und der alte Anselm kommt nicht dazu, sein Anliegen vorzubringen. Er hatte doch auf ihre Hilfe, ihre Beziehungen gerechnet bei dieser seiner späten Übersiedlung. Heut war nun keine rechte Gelegenheit mehr... Und bis er sich wieder hier einfinden konnte... Gebückt schlich er an lauter fremder Jugend vorbei und fort.

Nein, von den Vergnügungsstätten des Westens wollte sie heute nichts wissen, erklärte – etwa acht Tage später – Frau

Toinette ihren Freunden, die sie in die Stadt ›entführen‹ wollten. In den Norden oder Osten sollte man sie bringen oder an die Friedrichsgraacht oder in einen Bouillonkeller. Es wurde dann nach ein paar rasch abgebrochenen Vorstößen ins früher Grausige, jetzt nur noch Kümmerliche doch nur Tanz in irgendeiner »Libelle« der Friedrichstadt inmitten von Provinzgästen der Grünen Woche, über die man sich matt mokierte, ein bißchen Tanz, unterbrochen von der Vorführung einer historischen Cancan-›vision‹ und einer rasselnden ›Nacht in Sevilla‹. Dann aber fand man zwischen grelleren Brennpunkten des Nachtlebens ein matter beleuchtetes Portal und ging ein paar Stufen hinab in die ›Nixengrotte‹. Das war zunächst ein langer Gang zwischen ampelbeleuchteten Tischen. Hinten neben dem Büfett bildete dieser Gang einen Knick, um dann in die eigentliche Grotte zu verlaufen, eine mürbe Tropfsteinhöhle, aus der Klaviermusik scholl. Man stand in staubiger Leere. Die wenigen Gäste in Gesellschaft von zeitgemäß dezenten Ladenhüterinnen verloren sich in den Nischen. Vor dem Büfett tanzte ein einziges Paar einen müden Tango. Der Wirt am Ausschank machte den Ankömmlingen eine tiefe Verbeugung. Die wollten gleich wieder gehn. Aber da geschah das erste Merkwürdige: Die Tangomelodie ging mit einmal über in den schönen uralten Walzer vom Glück der unbeständig Liebenden, und Toinette nahm den Arm ihres jüngsten Freundes und bostonierte sanft. Und dann das zweite: Als sie beim Vorbeitanzen in die Tropfsteinhöhle geblickt hatte, ließ sie plötzlich den Arm ihres Tänzers los, glitt an den Putten der Einfassung vorbei und verschwand in der Höhle. Man sah ihr verwundert nach. Ein Witziger bemerkte, daß die Höhlenputten eine fatale Ähnlichkeit mit den sandsteinernen draußen in Toinettes Garten hätten. Und dann blieb man und nahm Platz, Toinettes Rückkunft erwartend. Statt deren bekam man ein vierhändiges historisches Walzerkonzert vorgespielt, die Valse brune und die Valse bleue und Melodien aus dem Wiener Wald. Frau Toinette hatte sich neben den Klavierspieler gesetzt, der niemand anders war als ihr alter Anselm Schimmelmann. Beim Spielen flüsterte sie mit ihm: Gott, war sie erst erschrocken, ihn hier zu finden! Warum hatte er ihr denn neulich nichts gesagt... Ihr keine Adresse hinterlassen... sie würde sich umtun für ihn... An den Tisch zu den andern wollte er nachher nicht kommen?... ach, schön war's, mit ihm zu musizieren, selbst in dieser muffigen Grotte.

Seither besucht Anselm Frau Toinette bisweilen nachmittags, wenn sie allein ist. Und dann führt sie, die so manche Enttäuschung in ihrem Leben gehabt hat, an seinem Arm eine wohltuende Schwermut durch ihren schönen Garten am See spazieren. Mit bröckelnder Geste erstarrter Tänze begleiten die Putten die Promenade des fahlen Gehrocks und des kanariengelben Hauskleides. Dann wird, so schlecht die Zeiten auch sind, der Westwind aus Potsdam zum Zephyr. Ja, die Zeiten sind schwierig: Trotz vieler Bemühungen hat Frau Toinette ihrem alten Lehrer nur ganze zwei Schüler verschaffen können. Und abends muß er auch weiterhin in der Nixengrotte Jazz und Rumba und scheußliche Potpourris spielen. Er kann froh sein, wenn es dabei bleibt. Der Wirt geht mit dem Plan um, aus seinem Lokal einen Frühstücks- und Mittagstisch zu machen. Dann wird man in der Grotte Gläser spülen statt zu musizieren.

Ob Frau Toinette noch lange in ihrem schönen Garten schwermütig lustwandeln wird, ist auch fraglich. Sie hat Sorgen. Doch ist sie voll Lebensmut, und wenn's nicht anders geht, gern bereit, mit ihrem alten Lehrer vierhändig einem dezenten Publikum zum Tanze aufzuspielen. Für wen werden dann aber die kleinen sandsteinernen Götter am See ihre frierenden Tänze tanzen?

Vater bekommt noch Briefe mit der Anschrift Herrn Direktor oder gar Generaldirektor, aber zur Zeit hat er nur die Vertretung einer Automobilfabrik, und wie lange noch? Mutter will gern von den Vorderzimmern zwei abgeben, am liebsten an eine Dame, die man vielleicht auch in Pension nehmen könnte, aber hier im alten Westen sind jetzt in jedem zweiten Haus möblierte Zimmer billig zu haben. Ob es sich lohnt, selbst wenn sich jemand findet?

Paul, dem Ältesten, ist der Krieg nicht gut bekommen. Erst wollte er als blutjunger Oberleutnant bei der Reichswehr eintreten, aber in der Inflationszeit bekam er Lust aufs Geschäftemachen, leitete eine Zeitlang zusammen mit einer baltischen Baronin eine größere Blusenfabrik in Köln, reiste 1927 für eine Büsten- und Wachskopffabrik. Zwischendurch fand er allerlei Kleinkram, bei dem er's nicht aushielt, Annoncenakquisition, Versicherungsagentur, vertrieb Staubsauger und Kühlschränke. Den »Spartaumel« der anderen macht er nicht mit, ist viel von zu Hause fort. Mutter fürchtet, er spielt.

Fritz, der ein Lieblingsschüler des großen B. H. war, geigte zwei Jahre im Danziger Rundfunkorchester, jetzt bemüht er sich hier um Unterrichtsstunden und sucht Verbindungen, um Schlagerkompositionen bei Film oder Kabarett anzubringen. Im schlimmsten Fall wird er in einem Vergnügungslokal geigen. Für Mahlzeiten außer dem Haus entdeckte er immer wieder neue Lokale, wo man für 80, ja sogar für 50 Pf. usw.

Trude hat noch ein paar Kinder in ihrer »rhythmischen Gymnastik«. Ihr Freund, der Oberarzt in der Xschen Klinik, will ihr Kundschaft zu »Babyturnen« verschaffen. Sie hat mehr Lebensmut als die Brüder. Zur Not könnte sie auch für Zeitungen photographieren und dazu schreiben. Die Eltern kommen ihr nicht mehr mit Heiratszumutungen, sie reden ihr überhaupt nicht viel in ihre Lebensführung hinein. Manchmal, wenn sie Meinungen äußert, braust Papa einen Augenblick auf, aber Mama begütigt ihn mit Wendungen, in denen immer »heutzutage« »andere Einstellung« vorkommt.

Vater geht abends fast gar nicht mehr aus, höchstens mal an den alten Ingenieurstammtisch. Mutter nutzt jede Gelegenheit, gratis oder fast gratis Theaterbillette zu bekommen. Bei den Steuerkarten, die Schauspieler aus Trudes Freundeskreis ablassen, muß man leider immer noch 1,50 oder 2 Mark draufzahlen. Ärgerlich ist es, wenn einen Bekannte fragen, ob man schon den neuen Film gesehen hat; womit man doch wartet, bis er in den kleinen Kinos in der Potsdamer Straße kommt.

Sonntags bei schönem Wetter möchte Mutter immer noch gern mal mit allen in corpore über Land. Aber die Kinder schließen sich lieber Freunden an, die Autos haben. Vater vergräbt sich hinter der Zeitung, über deren Inhalt er sich ärgert. So bleibt ihr meist nur ein Kaffeeplauderstündchen mit ihrer alten Freundin, der Rätin, in Pichelsdorf oder Treptow. Ach, und bei der Heimfahrt in der überfüllten Elektrischen geht die Erholung schon wieder halb zum Teufel. In Sommerfrische ist man dies Jahr gar nicht gekommen. Und wie wird es im nächsten sein? Man hätte sich damals, als es noch ging, doch so ein Wochenendhäuschen in Gatow anschaffen sollen.

Ein Trost ist noch das schöne Herbstwetter dieses Jahr. Jeden Morgen geht Vater durch den Tiergarten ins Geschäft, freut sich am roten Laub und den Stämmen der alten Buchen und – spart das Fahrgeld.

Herberge und Heimat
Bilder aus Berlin

Die Reichshauptstadt, einst vorgeschobene Kolonistenstätte in endloser Ebene, jetzt Zentrum Deutschlands, Stelldichein und Knotenpunkt des Westens und Ostens der Welt, ist gleich den anderen Großstädten eine Fremdenstadt mit den üblichen Sehenswürdigkeiten und Vergnügungen. Aber bemerkenswerter als der Fremdenverkehr, der in den älteren Städten Europas ein reicheres und bunteres Bild ergibt, sind in Berlin die Siedlungen und Rastplätze der Wandervölker und Völkerwanderungen unserer Zeit. Das Wahlghetto der Ostjuden in dem einst »Scheunenviertel« genannten Stadtteil zwischen Alexander- und Bülowplatz ist jetzt schon leerer Bauplatz geworden oder unter neuen Häuserblöcken verschwunden, und man sieht nicht mehr Männer mit alttestamentarischen Bärten und Schläfenlocken und heißäugige Fleischertöchter auf dem Straßendamm abends promenieren; auch die große russische Invasion nach Weltkrieg und Revolution hat sich weiter nach dem Westen zerstreut; aber noch immer hält das Wandervolk der Zigeuner bei uns Rast. Im Norden, in Weißensee, haben sie ihr Hauptlager aufgeschlagen. Dahin lockt die Männer der Pferdemarkt, der allwöchentlich stattfindet und auf dem sie in Kauf und Verkauf ihre ererbten Kenntnisse und Erfahrungen eines alten Reitervolkes einträglich verwerten können. Für ihre Familien haben sie hier ihre Wohnwagen aufgestellt und Hütten aufgeschlagen. Da sitzt die Ahne, die Pfeife im Mund, auf dem Wagenrand und füttert das Enkelkind, das in seinen bunten Fetzen und mit dem Kinderblick einer Mongolenpuppe noch fremdländischer wirkt als die Erwachsenen. Mütter und Mädchen aber wandern durch die Stadt und finden in Schankstätten und Nachtlokalen Opfer ihrer Wahrsagekünste. Berlin hat sich an die Zuwanderung dieses Volkes gewöhnt und den Kindern sogar Plätze in einigen Gemeindeschulen eingeräumt, wo sie, bis die Horde weiterzieht, an den ersten Segnungen einer bodenständigen Kultur Anteil haben können.

Stille und wenig bekannte Schlupfwinkel haben, meist in der Gegend des Schlesischen Bahnhofs, die chinesischen Händler gefunden, die Not und Beschwerden der Fremde geduldig ertragen, um dereinst in der Heimaterde ein prächtiges Grab zu bekommen. Die Berliner kaufen ihnen gern ihr leichtes zierliches Teegeschirr und ihre Matten ab. Der Wirt ihrer Kneipe führt Buch für sie, gibt ihnen Kredit und vermittelt ihre Geschäfte. Auf seinen Tischen liegen neben Berliner Zeitungen und Annoncenblättern exotische Journale mit seltsamen Schriftzeichen. Wunderlich nehmen sich unter deutschen Wandkalendern und über Berliner Bierflaschen, Mollen und Bechern die Mongolenköpfe aus.

Nicht so weit her, aber doch Gäste sind die Zimmerer, die man bei Zunftbrauch und Zeitvertreib in ihrer Herberge beobachten kann. Man erkennt sie an ihrer Tracht, den weiten Hosen, dunklen Samtwesten und -jacken mit großen hellen Knöpfen. Den Zylinderhut oder den breiten Kalabreser auf dem Kopf, wandert der Zimmergesell, auf seinen »Stentz« oder gedrehten »Ziegenhainer« gestützt, von Ort zu Ort. Von den hanseatischen Schiffsbauleuten hat er die Sitte übernommen, Ohrringe zu tragen wie die Seeleute. Unterm Arm trägt er sein Reisepäckchen, »Charlottenburger« genannt, ein Riesenschnupftuch, das neben dem Handwerkszeug, Winkelmaß, Beil und Wasserwaage, das spärliche Reisenecessaire des wandernden Gesellen enthält. Er hat seine Lehrlingszeit hinter sich und ist »fremd geschrieben«. Kommt er in eine neue Stadt, sucht er die Zunftherberge auf und »grüßt das Handwerk«; er bekommt Zehrgeld für die erste Notdurft und nach Möglichkeit Arbeitsgelegenheit. Mindestens drei Jahr muß er auf Wanderschaft gehen und darf in dieser Zeit nur zweimal und jedesmal nur vierundzwanzig Stunden in der Heimat zu Besuch sein. Hält er sich länger auf, wird er vom Altgesellen und seinen Kameraden fortgeschafft. Will er nicht gutwillig gehen, läuft er Gefahr, seine »Ehrbarkeit« zu verlieren, deren Symbol die um den Hals geknotete Schnurkrawatte ist; die bedeutet für ihn das, was für den Studenten die »Couleur«. In vielen seiner Bräuche, Lieder und Spiele lebt Altstudentisches fort, das die Musensöhne wiederum einst von alten Handwerkerzünften übernommen haben und das nun im Kreislauf der Dinge zum wandernden Handwerk zurückgekehrt ist.

Dem Frommen ist das ganze Erdendasein eine Art Wanderschaft, und in dieser Fremde sind Betstätten und Kirchen Herbergen der Gotteskinder. Besonders der Obdach- und Arbeitslose ist in diesem Sinn ein Wandersmann und der Herberge bedürftig. Da nun, nach dem Ausspruch eines der Gründer der Brockensammlungen und Stadtmissionen, von Gottes Wort niemand etwas hat, dem die feste Grundlage im Magen fehlt, hat man in den sogenannten »Schrippenkirchen«, Stiftungen aus der Zeit und dem Wirkungskreis des Hofpredigers Stöcker, eine Einrichtung getroffen, welche die Befriedigungen geistiger und leiblicher Bedürfnisse vereint und die einen zur Bedingung der anderen macht. Eine vielbesuchte Schrippenkirche liegt in der Ackerstraße. Da bekommt jeder Gast zwei Schrippen, einen Becher Milchkaffee und dazu ein Wort für die Seele. Alles, was an Weihrauch oder Prunk erinnert, fehlt gänzlich in diesen Mauern, sie sind wohl das protestantisch Kahlste im protestantischen Berlin, aber dafür ist allerlei zu lesen in den Gesichtern derer, die da still bei ihren Bechern sitzen und der Predigt lauschen, die altertümlich verheißungsvolle Bibelworte mit alltäglichen, nüchternen Wendungen, die zu Lebens- und Arbeitsmut ermuntern, verbindet.

Für die jüngsten Erdengäste in der Herberge Großstadt sorgt Berlin, so gut es kann. Für die Babys werktätiger armer Mütter, die ihre Kleinen niemandem anvertrauen können, wenn sie auf Arbeit gehen, sind Tagesheime geschaffen worden wie das »Sonnenhaus« des Fröbelvereins in Lichtenberg-Friedrichsfelde. Doch auch die Stadt selbst hat ähnliche Fürsorge getroffen. Das Bezirksamt Kreuzberg z. B. unterhält eine Anstalt, welche die Kleinen aufbewahrt und versorgt, die morgens von ihren Müttern gebracht und nach Feierabend abgeholt werden. In reinlichen Gitterbettchen liegt das Völkchen und schläft und wacht, weint und lacht dem Leben entgegen.

Wie wird es ihm weiter ergehen in der Heimat Berlin? Kinderglück gibt es auch in den ärmsten Straßen, wo man gegen eine Wand Prallball spielen kann, Gesang und Leierkastenmusik in den düstersten Höfen zwischen Stangen zum Ausklopfen und Mülleimern. Mit Fähnchen und Lampions, kleiner Bretterbühne und ein paar bunten Lappen machen die Kinderfeste aus dem Hinterhof der finstersten Mietskaserne eine Zauberwelt. Das holprige Pflaster des Hofes wird mit Stearin eingerieben und für ein paar schöne Stunden Tanzboden. Kinderglück gibt es überall in den Parks von Berlin, im Tiergarten so gut wie im Friedrichshain, bei der Jungfernheide wie zu Füßen des Kreuzbergs. Überall haben die Kleinen ihre holzabgesteckten Sandhaufen zum Wühlen und Formen und für gemeinsame Spiele. Ja, für deine Kindheit ist einigermaßen gesorgt, kleiner Berliner. Aber wie wird's dir weiter ergehen? Ist die große Stadt Heimat oder nur Notherberge? Wirst du in Asylen nächtigen, in Wärmehallen Zuflucht suchen und stempeln gehen? Wirst du Stullenbettler werden, der seine Bettelbeute verkauft? Oder sitzst du eines Tages als strahlender Bräutigam im Mantel mit Samtaufschlag neben der stattlichen Braut im Standesamt und hörst die würdevolle Rede des Herrn Standesbeamten, dessen etwas stolpriges Pathos heutzutage oft die Salbung des Herrn Pastors ersetzen muß? Wirst du es zu Amt und Würden bringen und vielleicht einmal als Richter im Verkehrsgericht sitzen und – hübsche Erinnerung an deine Spielzeit – mit kleinen Elektrischen, Bussen, Taxis, Bäumchen, Laternchen und Figürchen vor den Zeugen und den Rittern und Knappen vom Steuer einen Zusammenstoß und Verkehrsunfall rekonstruieren? Schlaf, träum und spiel in deinem Gitterbettchen, bis Mutter wiederkommt.

Persönliches über Sphinxe

Auf mich haben es in Berlin die Sphinxe abgesehen. Berliner Sphinxe zwar, aber doch immerhin letzte Nachfahren des Kolosses bei den Pyramiden und der Rätslerin von Theben. Und wenn endlich einmal ein gelehrter Herr auf den guten Gedanken kommen sollte, Kultur- und Kunstgeschichte in einer Monographie über die Sphinxe zu spezialisieren, Tiefsinn und Schnörkelei von Gizeh und Karnak bis zum Wiener Belvedere mit seinen zierlich gezöpften Tierdamen zu sammeln, die literarische Auffassung und Ausdeutung dieser Bestien von den griechischen Tragikern bis zur modernen Hintertreppe zu studieren, über Creuzer und Bachofen nicht den Herausgeber meines griechischen Schullexikons zu vergessen, der die grausige thebanische Sage auf Überschwemmungen und deren Beseitigung durch Kanalisation zurückführt, kurz, wenn dieser kuriose Abriß der Weltgeschichte je unternommen werden sollte, so möchte ich aus persönlicher Erfahrung folgendes dazu beitragen.

Als ich Schuljunge war, wohnten meine Eltern dem Zoo gegenüber. Ging ich die fünfzig Schritte bis zur Kurfürstenstraßenecke, so erhob sich vor mir das Portal eines stattlichen Hauses aus der Gründerzeit. Da lagerte hoch und gewaltig wie eine dämonische Portierfrau die Jungfrau mit Flügeln und Tatzen. Drohend schaute sie auf meinen Schulweg, besonders montags früh. Vor kurzem sah ich sie wieder. Auf dem Block unter ihren Pranken war ein Anschlag angebracht, der die Aufteilung der ehemaligen Hochherrschaftlichkeit in 3 1/2- und 4-Zimmerwohnungen verkündete.

Milder und kleiner als diese mächtige Hausmeisterin waren dann die vier, die auf der Brücke überm Landwehrkanal lagern, weggewandt von den beiden Taten des Herkules, die sich auf mittlerer Brückenhöhe begeben. Ganz nahe bei diesen hab' ich lange Zeit als Erwachsener in einem gut bürgerlichen Hause gewohnt und bin tagtäglich an ihnen vorbeigekommen. Statt Flügeln haben sie jede ein Kind mit Füllhorn auf dem Rücken. Sie sind viel gelassener als die beiden Herkulesse, die es, der eine mit einem Löwen, der andere mit einem Centauren zu tun haben. Viel erlebte ich mit diesen Vieren zusammen, viel ist an uns vorbeigezogen. Darüber ist der einen die Nase abgebröckelt und in allzu hellem Stein ersetzt worden wie auch des einen Herkulesses Bein und seines Löwen Hinterbacken.

Und nun bin ich vor kurzem in ein Hinterhaus des bayerischen Viertels gezogen. Beim ersten Besuch meiner neuen Wohnung habe ich die Einzelheiten des Vorderhauses kaum beachtet. Ich hatte schon gemietet, da fiel mir erst auf, daß im vorderen Hausflur auf einem Podest mit einmal eine Sphinx lagerte wie eine Katze auf einem Kissen. Mit der lebe ich nun in naher Gemeinschaft. Sie ist winzig gegen meine früheren Sphinxe. Sie hat ein schmales Mädchenköpfchen, und über den Nacken fällt ihr steinern ein Kopftuch. Ihre Vorderpfoten liegen nicht prankig drohend; schräg krümmt sich die eine zu der andern, und man könnte ein Kinderbällchen in sie hineinlegen oder -denken. Auf eine schadhafte Stelle, eine Vertiefung über ihrer linken Brust, hat neulich ein vorwitziger junger Bekannter die Asche seiner Zigarette abgeschlagen. Manchmal im Vorbeigehen muß ich leise über ihren Rücken streichen, um das Tierchen zu ein wenig Mythologie zu ermuntern. Mit der haben wir es ja beide nicht mehr leicht.

Was wird meine nächste Sphinx sein? Vielleicht eine Stoff- oder Quietschpuppe meines Enkelkindes, wenn ich das noch erlebe! Oder sollten wieder Zeiten kommen, in denen diese Katzen groß vor Pyramiden und Abgründen lagern?

PARIS

Pariser Hotel

Ein entfernter Bekannter erkundigt sich bei mir, »wo man in Paris wohnen soll«, ich soll ihm »ein Hotel empfehlen«. Statt ihm gleich eine vernünftige Auskunft zu geben, verfiel ich zunächst (man möge mirs verzeihen) in Gedanken und schrieb einen längeren Brief folgenden Inhalts, den ich aber lieber nicht abschicken werde.

Hotel, dem deutschen Ohr klingt das Wort als Fremdwort, das einen Ausnahmezustand und -aufenthalt bezeichnet. Hotel, das ist ein Haus, in dem man nicht zu Hause ist, wo man, bedrängt und bedient von fremden Leuten, eine Reisezeit absolviert. Dein Zimmer gehört mehr denen, die es aufräumen, als dir, dein Frühstück ist eine Pflicht dem Kellner gegenüber, Eingang und Ausgang beherrscht der Portier. In Paris aber gibt es zahllose Hotels, die gar keine sind. Hotelzimmer gibt es, in denen du richtig leben kannst, wie in deinem Leben. Sogar sterben kannst du darin, ohne besonders unangenehm aufzufallen. Wenn du ein paarmal in solch einem Zimmer eingeschlafen und aufgewacht bist, wirst du, ohne zu merken wie, Mitbürger einer Straße, eines Stadtviertels. Du kannst wunderbar allein sein zwischen Bett und Fenster, und doch ist die Stadt mit in deiner Stube. Du siehst von ihr vielleicht nur einige der schmalragenden eckigen Schornsteine vor farbiger Wolkenwand. In denen ist aber heimlich Architektur aller »Lanternes« altfranzösischer Schlösser, jede Dachwand wird ein kleiner Louvre. Im Glas des Spiegels an deinem Schrank oder über deinem Kamin ist aller Glanz der spiegelreichen Stadt: Welt genug. Tausend ferne Geräusche bauen Stille um dich her. Wie in einer Kajüte schwimmst du geborgen mitten im Ozean.

Aber was rate ich Ihnen nun, Verehrtester, in welchem Teil der großen Stadt Ihr Zimmer durch Abend und Morgen gleiten soll? Es ist fast gleichgültig, wo. Je anonymer Haus, Straße und Carrefour ist, um so mehr sind Sie in Paris. Paris: das ist der schmale Gitterbalkon vor tausend Fenstern, die rote Blechzigarre vor tausend Tabakverschleißen, die Zinkplatte der kleinen Bar, die Katze der Concierge. Man kann also irgendwo wohnen. Man möchte aber auch überall wohnen, möchte Einschlafen und Aufwachen jedes Stadtviertels miterleben. Bist du lange ziellos durch die Stadt gewandert, bekommst du Lust, da schlafen zu gehen, wo du gerade müde geworden bist, an einem Platz etwa, der, mitten im Getriebe, die plötzliche Stille eines baumbestandenen Squares umgibt, wo du aus dem Hotelfenster auf fahlgrüne Wipfel und die kleinen verlassenen Sandhaufen eines Kinderspielplatzes sehen wirst. Oder an einem, der ganz Stein ist und eindringlich seinen Kreis, sein Vier- oder Achteck um eine Säule, ein Standbild, einen Brunnen zeichnet und diese zum Brennpunkt macht, auf den aus mündenden Straßen das Leben zuströmt, im Ansturm umgebogen und in den Tanz des Platzes eingefangen wird, einen Tanz, der als Erinnerung die ganze Nacht sonor und leise über dem Pflaster weiterschwingt.

Verlockende Stätten zum Schlafen sind in den Seitenstraßen, die von manchen Boulevards und Avenuen, meist etwas ansteigend, abzweigen, von der Eleganz in die Kleinstadt, vom Modernen in nachbarlich dauerndes Mittelalter überleitend. Dort kannst du von deinem Zimmer aus Pracht und Armut, Gegenwart und Geschichte zugleich bewohnen.

Straßen gibt es, in denen man ganz früh schlafen gehen möchte in klösterlicher Nähe von Instituten und Bibliotheken. Und andere, von deren Pflaster man sich auch spät noch nicht trennen kann, wo man nicht loskommt vom Terrassenglück des Eckcafés und von der Lust, das Leben als Vorübergehen unbekannter Wesen zu empfinden.

Reizvoll ist die breite Auffahrt unter Arkaden und dahinter Hall und Lift, verführerischer vielleicht die altertümlich hohe Holztür und drinnen die schmale Wendeltreppe mit schmiedeeisernem Geländer. Und eine wieder ganz andere Lockung kommt von ausgetretenen Steinstufen eines armen Hauses, das nur zwei, ja manchmal nur ein Fenster in jeder Etage hat, und jedes Fenster ist ein Geheimnis.

Manchmal möchte man oben über dem Kirchhof Montmartre zu Hause sein, Nebel über Grabsteinen und darin alle Dome der Stadt sehen. Oder noch weiter die »butte« hinauf, wo die Treppen der Hotels erste Stufe vieler Stiegen hinunter in die schwimmenden Lichter oder hinüber zu der kreidigen Helle von Sacré-Cœur sind. Manchmal reizt mit Quai und Brückenbogen und allem, was auf ihm verankert liegt, der Fluß zu täglicher Nachbarschaft, manchmal das Gitter eines regenfrischen Parks oder das feuchte Grau einer Kirchwand.

Oder einfach die Rückwand vom Annex des großen Warenhauses. Wenn du dort in dem Hotel der abgeschlossenen »Cité« ans Fenster treten wirst, kannst du aus dem Torweg die Midinetten kommen und zu zweit und dritt in ihre Mittagspause hineinspazieren sehen. Beim Schuster in der Mauerloge bleiben einige stehen, andre gehen wichtig plaudernd weiter. Bist du nicht mit einmal Junger Mann in irgendeinem Rayon des Warenhauses und wirst jetzt auch deine Mittagspause haben und in die Crèmerie gehen, wo deine Kolleginnen zierlich in die winzigen Portionen auf den kleinen Tellern stochern?

Ach, vielleicht bist du zu modern für all diese Winkel, bist lieber eleganter Müßiggänger. Da darf ich dir nicht mit Tapeten kommen, buntblumig wie der Morgenrock der schlurfenden Vermieterin. Du willst vergoldete Boiserien an deiner Wand und aus deinem Fenster willst du im Lack der Autos die Lichter der Juwelierläden spiegeln sehen. Oder du willst Letztes, Neuestes: steinerne Würfel und gläserne Wölbungen einer immer wachsenden Stadt.

Nein? Wie ein junger Arbeiter möchtest du leben. Dann weiß ich nicht weit von La Roquette ein Hotel für dich, da hast du unten im selben Hause für deinen Feierabend einen lustigen Bal musette und an deinem Fenster, dessen graue Gardine mit Stickerei eingefaßt ist, einen Vogelbauer. Deine Wirtin ist eine Mulattin, an der alle Tücher bunt werden; sie geht in roten tunesischen Schuhen. Und dort hast du sogar eine klangvolle Adresse. Denn dein Hotel heißt – wie manche andere in Paris – Hôtel de la Paix.

Das alte Dôme

Wie dem jungen Helden des Goethischen Märchens, der das Pförtchen nicht mehr findet zu dem Garten, in dem er soviel Erbauliches erlebt hat, so geht's uns, die vor zwanzig Jahren in das Café du Dôme kamen, wenn wir heute vor der überfüllten Terrasse stehen. Da glaube ich in der fremden Menge das eine oder andere Gesicht wiederzuerkennen, aber bei näherem Hinsehen sieht es nur »so ähnlich« aus. Ich trete ein: Ist das unser Dôme? Dies glitzernde, brausende Tohuwabohu! Während ich benommen in den Wirrwarr von Mienen, Gläsern und Tabakwolken stiere, werde ich beim Namen gerufen. Das ist Ninas schmetterndes Organ. Sie winkt von einem Tisch hinten in dem höhergelegenen Teil. Sie ist noch imposanter geworden. Sitzt umgeben von einer Schar angelsächsischer und balkanischer Jünglinge, die bei ihr die Anfangsgründe eines würdigen Montparnassedaseins lernen. Ich stehe dann eine Weile neben ihr – setzen kann ich mich nicht zu diesen fremden Leuten – und frage und antworte. Es ist angenehm zu hören, daß unsere kleinen Freundinnen von damals fast alle eine gute Karriere gemacht haben. Die einen sind verheiratet, die anderen gut liiert. Ich soll besuchen, antelephonieren, rät Nina. Ob ich mich dazu entschließen werde?

Inzwischen wird da unten in der Ecke ein Platz frei. Ich zwänge mich an skandinavischen und jugoslawischen Schultern vorbei. Über blonden Café-Crème und bunten Apéritif sehe ich aus meiner Ecke hinüber zu dem Boulevardfenster. Dort war unser Tisch. Der Tisch der deutschen Maler.

Wie angenehm leer es damals war rings um uns. Dämmerige Spiegel. Alte Lederpolster. Auf einer Tischplatte neben der Siphonflasche ein liegengelassenes »de quoi écrire«: der gelbe Umschlag, das karierte Schreibpapier, die Buvardunterlage, das Tintenfläschchen. Solches Material pflegte sich der junge Pascin herüberzulangen, und während er den Kopf auf die linke Hand gestützt hielt und sich brummelnd an unserer Unterhaltung beteiligte, zeichnete er auf die Bogen und Enveloppes die wunderlichsten Gestalten. Und genügte ihm diese Leinwand nicht mehr, so malte er al fresco auf die Tischplatte, mit abgebrannten Streichhölzern als Pinsel und Kaffeegrund als Farbe. Ja, da saßen sie alle, die jetzt berühmte Malersleute geworden sind, und die, die nicht berühmt oder der Kunst untreu wurden, waren auch recht merkwürdige Käuze. Alle waren sie ein bißchen verdrossen. Es gab eine besondere Art Dôme-Verdrossenheit bei den jungen Malern von damals. Hier in der Heimat der neuen Malerei sahen sie ein, daß es so einfach münchnerisch-kunstgewerblich oder berlinerisch-freiweg denn doch nicht ging. Und so wurden sie recht streng und kritisch mit sich und den Kollegen und dem ganzen Dasein. Um so besser hatten's wir anderen, die nur Malergenossen waren, wir Schriftsteller und sonstigen Müßiggänger. An uns gab's nichts zu kritisieren, wir brauchten nicht zu zeigen, was wir gearbeitet hatten. Mit uns spielte man Domino und Poker. Ach, unsere unvergeßliche Pokerpartie! Der Umsatz war recht gering, aber wir spielten mit großartiger Gebärde um ein paar Franken. Und es war ebenso spannend wie bei den Mondänen die Partie um Tausende. Was man so die »Noce« nennt, das haben wir nur selten gemacht. Die richtigen Noceurs unserer weiteren Bekanntschaft, die blieben auf den Höhen des Montmartre. Und dennoch führten wir ein bemerkenswertes Leben.

Schön war es auch, wenn reiche Jünglinge aus dem Vaterland zu Besuch kamen, um in das große Leben eingeweiht zu werden, wie jener Vortreffliche aus der Münchner Bäcker- und Braueraristokratie. Dann kam Glanz in unsere Ecke und Champagner auf unseren Tisch, und die guten Nachbarn aus der Umgebung des Dômes, die da weiter nach dem Büfett zu ihren gewohnten Apéritif einnahmen, schauten bewundernd auf unser Treiben, und selbst die Amerikaner, die oben hinter den Blattpflanzen Billard spielten, würdigten uns eines Blikkes. Ich glaube, man wollte uns wohl im allgemeinen. André und Eugène, die Kellner der klassischen Dôme-Zeit, gaben Kredit. Sie begrüßten uns auf Deutsch mit »Gute Nagl« und »Auf Widelsehn«. Auch die guten Mädchen – oh, heute sind sie alle große Damen! –, die doch eigentlich von den Amerikanern mehr zu erwarten hatten, schätzten uns, besonders wegen unserer etwas misogynen Manieren. Es erhöhte unser Ansehen bei ihnen, daß nur selten Frauen an unserem Tische saßen.

Nur ein Wesen hat uns gegrollt, ein sehr eigentümliches Wesen, das wir das »Schicksal« nannten. Nicht ohne Schaudern zeichneten unsere Freunde manchmal vorsichtig die kleine Alte ab, die in altmodischem Rock mit Troddeln und Fransen zu bestimmter Zeit an einem bestimmten Tisch saß. Weh dem Ahnungslosen, der etwa diesen Platz eingenommen hatte, ehe sie kam, und von ihr erwischt wurde. Dann schleuderte sie die kleine Fußbank, die sie mitschleppte, unter den nächsten Tisch, wandte sich wütend an den Kellner: »C'est entendu depuis des années que c'est ma place!« und warf solange ihre Giftblicke, bis man ihr das Feld räumte. Hatte sie sich auf ihrem angestammten Sitze zurechtgerückt, so breitete sie das riesige Zeitungsblatt des »Eclair« vor sich aus und las streng. Neben ihrer Tasse lag immer ein schwarzes Barchentbündel, über dessen Inhalt wir die phantastischsten Vermutungen anstellten, oh Vermutungen, die man nicht wiederholen kann! Durch die eisernen Querstäbe des Tisches konnte man ihre winzigen schwarzbeschuhten Füße sehen. Von Zeit zu Zeit zischte ein gefährlicher Pfeil aus ihren Augen zu uns herüber. Wir haben uns sehr vor ihr gefürchtet, soviel Späße wir auch über sie machten. Ob sie wohl einfach Männer nicht leiden konnte? Denn wenn das hübsche dickliche Büfettfräulein an ihrem Tisch vorbeikam, um sich gelegentlich auf die Toilette zu begeben, so ging ein engelhaftes Lächeln über das runzlige Gesicht der Alten.

Nun, die gibt es heute nicht mehr im Dôme zu sehen. Ihr angestammter Platz ist international überschwemmt. Und auch der gute alte Dôme-Wirt, der mit seinem mageren Gesicht und schmalen Bart an den Ritter von der traurigen Gestalt erinnerte, ist jetzt, ich weiß nicht wo. Sein Nachfolger, der gewiß erheblich bessere Geschäfte macht, ist von lustigerer Gestalt. Es herrscht überhaupt eine gleichmäßigere Munterkeit, wie es der neuen Sachlichkeit und Generation geziemt. Ach, wohin ist die Dämmerwelt von Leder, Glas, Tabak und Jugend?

Pariser Saturnalien

In Paris finden die wahren Saturnalien, der Tanz aller mit allen, am 14. Juli, dem Nationalfest des Bastillesturmes, statt, da feiert das Volk unter Lampions an allen Ecken, wo nur irgendein bißchen Platz ist für einige Paare, die um die kleine Holzestrade mit der Dreimännerkapelle tanzen. Da steigt, was man sonst nie auf der Straße sieht, aus Salons herab und aus Kellern hinauf und tanzt auf dem Pflaster. Aber Karneval? Gibt es das noch? Daß zwischen Epiphanias und Aschermittwoch einige offizielle Festivitäten, Opernball und dergleichen, stattfinden und von hohen Staatsbeamten, Botschaftern und Balkanköniginnen heimgesucht werden und daß alle anderen Bälle etwas dichter gesät sind als sonst das Jahr über, ist das Karneval? Und die tollsten Feste, der berühmte »Ball der vier Künste«, den die Kunstschüler immer noch mit rührend pathetischem Orgiasmus ausstatten, und der Ball der Mediziner, bei dem ein ebenso rührender Zynismus Nacktes und Beflittertes kommentiert, finden erst im Frühjahr statt. Und dann gehören zum Karneval doch eigentlich auch Umzüge! Wo ist der alte »Carrus navalis«, das wandernde, wankende Räderschiff des Prinzen Karneval? So etwas sieht man wohl eher in Nizza, wo die Konfetti schon im Februar durch Frühlingshimmel schießen. Paris hat solch einen Umzug erst zu Mittfasten. Da rollen auf überschmückten Wagen die kleinen Königinnen der alten Provinzen, der allerlei Weinlande Frankreichs, umgeben von pappenen Symbolen ihrer Heimaten, durch dichte Menge über die Boulevards. Meist sieht man nicht viel davon, man wird beiseite gedrängt von Beiseitegedrängten und bekommt nur ab und an zwischen den schwarzen Helmbüschen der ordnenden Stadtgardisten hindurch ein strahlendes Gesicht, einen Bebänderten Rücken, ein Papierkrönlein der Schönen von Mi-carême ab.

Seit in der alten und neuen Welt der Tanz eine Art obligatorischer Sport geworden ist, seit jeder Ladenschwengel Charleston kann, seit die weißen Mädchen mit ehrgeizigem Eifer in choreographischen Freiübungen es den schwarzen gleichzutun versuchen – aber die Negerinnen machen es immer noch schöner –, seitdem sind die Bälle von Vornehm und Gering, von Tugend und Laster einander alle ziemlich ähnlich geworden, hier wie in anderen Großstädten, und um etwas speziell Pariserisches zu sehen, muß man schon die kleinen Bals musette der Vorstädte besuchen, wo sich noch der Dudelsack neben dem Saxophon behauptet und nach jeder Tour ein sammelnder Tanzleiter oder eine entsprechende strenge Megäre den »Herren« Hand oder Geldtaschen entgegenstreckt und »Passons la monnaie« befiehlt. Da tauchen dann auch noch ein paar Knaben des romantischen aussterbenden Volksstamms der Apachen auf, von denen einst so viel schöne Lieder auf Bühnen und von Straßensängern und Straßenjungen gesungen wurden – und deren schwieriger Beruf heutzutage von bürgerlich gekleideten, international geschulten Gentlemen ausgeübt wird.

Trachtenfeste? Das braucht Paris kaum. Es gibt ja soviel echte Volkstrachten hier, Mongolen, Mulatten, Siamesen, Indier, Araber, mitten im Alltag. Es wird immer schwerer, sich zu verkleiden. Reizend angetan sind trotzdem auch heute noch die kleinen Rokokodamen und Kavaliere, Pierrots und Colombinen der Kinderbälle an Spätnachmittagen in den Montmartre-Etablissements, wo abends erwachseneres Volk seinem Beruf und Vergnügen nachgeht. Und diese Kleinen drehen sich noch im Reigen und Rundtanz zu Pierrots Mondlied und den schönen Versen von der Schäferin im Regen.

Das eine oder andere Fest müssen wir aber doch auch dieses Jahr bei Bullier, dem altgeheiligten Tanzsaal des Lateinischen Viertels, mitmachen, wenn wir nicht auf das Fest selbst gehn, wenigsten den Exodus nachher in der »Rotonde« erleben, dem einst kleinsten, jetzt größten Café des Montparnasse. Da schlüpft noch allerlei fragiles Paris und munteres Provinzfrankreich zwischen den Koffer- und Schrankgestalten Amerikas hindurch. Wie erfreulich war doch im vergangenen Jahr die kleine Rötlichblonde, die fast nichts anhatte außer den Papierschlangen, die man über sie warf, während sie sanft und beflissen zur Jazzmusik unentwegt die Bauerntänze ihrer auvergnatischen Heimat ausführte, die Knie hob und in die Hände klatschte und dazu La Bourrée, La Bourrée sang. Und uns fiel ein, daß es von Bach und Händel Musikstücke gibt, die »Bourrée« heißen, wie dieser Bauerntanz, und wir sahen in der ländlichen und dabei zierlichen Gestalt das süße Alt-Europa zerzaust und nackt und buntbehangen, belächelt von Yankees und Exoten, seinen Kehraus tanzen.

... Eifersucht? fragst du. Oh, ich bin eine vernünftige Frau. Mit Eifersucht werde ich dich nie plagen. Und ich will mir einreden, daß du es mir offen sagen wirst, wenn du mir nicht mehr treu sein kannst. Früher war ich sozusagen grundsätzlich eifersüchtig, aber das habe ich mir abgewöhnt, und zwar infolge einer Geschichte, die ich mit dir erlebt habe, jawohl mit dir, du hast nur nichts davon gemerkt. Es war in unserer unruhigsten Zeit, als du immer herumreisen mußtest, und ich mußte arbeiten in Paris und auf deine Briefe warten, die mir wohl taten und mich quälten. Das Schönste waren die plötzlichen Telegramme, die dein Kommen für ein paar Tage ansagten, ach, selten genug! Und dann bestellte ich schnell für dich das Zimmer in dem kleinen Hôtel de l'Univers et du Portugal, das du so gern hattest, schon wegen seines Namens. Einmal, da hast du wirklich erst im letzten Moment gedrahtet. Und als ich das Zimmer bestellen kam, da war im Hotel alles besetzt. Das machte mich traurig, weil es doch so schön gewesen war in diesem Univers und Portugal, und ich wollte schon abziehen, da meinte die dicke Madame Nourisson an ihrem »Bureau«, das sie fast nie verließ – weißt du noch, wie sie da vor ihren Formularen und Zetteln saß, gleich einem Schriftgelehrten, Mathematiker oder Astrologen vor seinen Formeln und Berechnungen? –, sie meinte, wenn es sich nur um ein paar Tage handele, so könntest du Nummer 41 haben. Das Zimmer sei zwar für eine dänische Dame reserviert, die auf eine Woche verreist wäre. Aber wenn wir nichts dagegen hätten, daß einige Sachen, die der Abwesenden gehörten, im unteren Schubfach der Kommode eingeschlossen blieben ... Ich hatte nichts dagegen, ich ging an die Bahn, dich abzuholen, froh, daß du kamst, und doch schweren Herzens.

Du hast wohl kaum geahnt, was mich heimlich quälte,

während ich dich am Bahnsteig in meine Arme schloß, unterwegs von der Seite dein Gesicht studierte, beim Essen dir gegenübersaß: In der letzten Zeit vorher hattest du mir besonders zärtliche Briefe geschrieben, immer aufs neue versichert, du könntest dich überhaupt gar nicht mehr in eine andere verlieben, sie zögen an dir vorüber, als wären es Bilder, die du mit mir in einem Album ansiehst, und wenn sie dir gefielen, dann bekämst du Lust, mich zu küssen, und dergleichen reizende und ein bißchen übertriebene Männerbeteuerungen. Und aus all dem hatte ich nur eins herausgelesen: daß du einmal bei einem Bridge oder Tee einem besonders schön gewachsenen, sportlichen, fast weißblonden Mädchen begegnet bist, einem Mädchen – das mir sicher auch sehr gut gefallen hätte.

Nun aber warst du bei Tisch und nachher so lieb und unbefangen, daß ich die weißblonde Sportliche bald vergaß. Ziemlich früh am Morgen mußtest du in die Stadt, wo du geschäftlich zu tun hattest. Erst blieb ich noch liegen und wollte schlafen, damit die Zeit schnell verginge, bis du wieder da warst. Konnte aber nicht schlafen, besah mir deine Gegenstände, wie sie da herumlagen, die altvertrauten, schlüpfte in deine mir so angenehm zu großen Pantoffeln, kramte in deinem Necessaireköfferchen, oh, mehr verliebt als neugierig. Es war auch gar nichts Verdächtiges drin. Auf dem Nachttischchen lag deine Uhr und tickte und wanderte mit wandernden Zeigern deiner Rückkehr entgegen. Spielerisch, ohne Absicht, zog ich das Schubfach des Nachttisches auf, darin war ein Etui aus hellem Schweinsleder, wie du es gern hast. Das muß ich doch kennen, denke ich, oder ist es neu? Ich mache es auf. Es sind eine Menge kleiner Fotos drin, Filme und Abzüge. Ich gehe ans Licht: immer wieder dasselbe schöne, junge Mädchen mit hellflimmerndem Haar in allen möglichen Strand- und Abendkleidern, im Zimmer, im Freien, bewegt und still, ernsthaft lächelnd...

Mir wurde leer unterm Herzen. Sie war mir ja in allem überlegen, dieses schwarz-weiße Gespenst. Daneben konnte ich doch höchstens rührend sein, und wenn ihr uns rührend findet, dann wissen wir schon, was die Glocke geschlagen hat. Und jung war sie, viel jünger als ich. Ich konnte dir erst gar nicht böse sein, ich war zornig auf mich selbst. Wie kam ich dazu, dich für mich allein zu beanspruchen!

Du bist solch ein Schmeichler: Wenn ich von meinem Alter anfange und dich schrecklich jung finde, sagst du: »Darf ich dann nicht auch dein Kind sein?« – und setzt mir auseinander, jede gute Liebende müsse auch ihres Geliebten Mutter sein, und das habest du nur bei mir erlebt usw., bis ich ganz verloren bin. Hilflos bin ich dir gegenüber. Und das hast du gewiß gefühlt und hast gedacht: Sie würde es nicht ertragen, wenn ich einmal eingestünde, daß eine andere mir gefällt. Ich darf ihr das also nicht zumuten. Und du hast dich in deine Sportliche verliebt und mir nichts gesagt, nur vorsichtshalber diese heuchlerischen Andeutungen gemacht, um vorzubeugen für den Fall, daß ich ihr einmal begegne, deiner Weißblonden. Indem ich nun an all diese Vorsicht und Rücksicht dachte, wurde ich denn doch wütend auf dich, du Bedächtiger, du Vorbauender, du Mann! Hast es mir ja oft genug aufgesagt, das berühmte: »Behandelt die Frau mit Nachsicht. Aus krummer Rippe ward sie geschaffen ...«

Aber daß du mich nun auch noch mit Vorsicht behandeltest, das war zuviel. Sind wir geisteskranke Kinder? Sind wir Tiere hinter Gittern? ... Allerdings schien es mir dann wieder recht unvorsichtig von dir, deine Sachen so herumliegen zu lassen, du Ordentlicher! Dieses Etui, das du vermutlich immer in der Brusttasche, immer an deinem verliebten Herzen herumtrugst, wie kam es hier in die Schublade hinein? Hast du es abends vor mir versteckt? Hast es morgens mitnehmen wollen und fandest keinen unbeobachteten Augenblick, um es rasch herauszunehmen? Hättest doch, wenn mir die Geste auffiel, einfach sagen können, es sei dein Geldscheintäschchen. Allerdings hätte ich dann vielleicht gebeten: »Zeig mal her. Schön ist das Schweinsleder.« Und hätte es bewundern und streicheln wollen, ich dumme verliebte Gans, und dabei wäre dann ein Bild herausgerutscht... Oh, er kennt mich, der Schlaue, dachte ich, und nun läuft er in der Stadt herum und muß am Ende immerzu an das Etui denken. Und daß die Alte um Gottes willen nicht die Schublade aufmacht! Und da lachte ich böse und freute mich über deine Angst. Dann suchte ich unter den Fotos, ob eine darunter wäre, die mich direkt ansieht. Der wollte ich ins Auge sehn. Der wollte ich mich zeigen hier vor deinem Bett. Die sollte sehn... Und dann schämte ich mich, packte die verhaßten Bilder wieder alle ordentlich in den Behälter, tat den in die Schublade und schlich ins Bett zurück, ließ meine Tränen laufen und dachte nach, wie ich mich am besten leise fortschleichen könnte aus deinem Leben. Nichts wollte ich sagen von meiner Entdekkung. Freigeben wollte ich dich. Ich hatte meinen Beruf. Die Weißblonde war gewiß aus reichem Hause. Heiraten solltest du sie, eine große geschäftliche Stellung haben und süße Kinder von ihr, oh, süße Kinder... da weinte ich so sehr, daß ich einschlief. Und als ich aufwachte und sah im Spiegel mein verweintes Gesicht, und du konntest doch jeden Augenblick kommen, da machte ich mich schnell zurecht, »machte mir das Gesicht«, wie die Pariserinnen sagen – o strenger bitterer Ausdruck unserer Pflichten –, ich schminkte vorsichtig und genau über Schatten und Blässe...

Als du kamst, saß ich, zurechtgemacht bis auf die Knochen, in unnatürlich natürlicher Pose am Tisch. Dir ist aber nichts aufgefallen an mir. Und mir nichts an dir. Du kamst hereingestürmt, so lieb hastig wie immer, so atemlos wie immer, wenn du weißt, ich bin da. Du gehörst ja nicht zu denen, die sich erst verpusten und lange vorm Spiegel im Flur stehen. So wie ich's von dir gewohnt war, kamst du herein, und ich fühlte dein Herz klopfen, als du mich in die Arme nahmst, und darüber vergaß ich ganz, daß ich dich eisig und gemessen begrüßen wollte. Und eh mir die nächste Gebärde aus meiner neuen Rolle einfiel, warst du schon tief im Erzählen von der Stadt, von der Straße, von den Leuten, die du gesehen hattest. Als du endlich eine Pause machtest und dich am Bett niederließest, gab ich mir einen Ruck und sagte unvermittelt: »Jedenfalls ist sie hübsch!«

Wie ein Schwerhöriger sahst du mich an. »Heuchler, abfeimter«, dachte ich und warf alle Gedanken an Schonung, Diplomatie usw. über den Haufen, ging auf den Nachttisch zu, langte das Etui heraus und reichte es dir.

»Hübsch«, sagtest du, als bekämst du etwas geschenkt. Dann rutschte das erste Bild in deine Hand. Du besahst es interessiert. Ich forschte wild in deinem Gesicht nach Erröten, nach Erblassen. Ich war fassungslos über soviel Kaltblütigkeit. Langsam, genießerisch sahst du ein Bild nach dem andern an, standest auf, gingst zu besserem Licht ans Fenster... In diesem Augenblick blitzte mir die so einfache naheliegende Erkenntnis auf: »Die Dame, die dänische, die eigentlich hier wohnt, hier noch Sachen hat! Er kennt das Mädchen ja gar nicht, er ist mir treu!«

Du sagtest: »Reizend, aber schade...«

»Wieso schade?« fragte ich.

»Na ja, im ersten Augenblick hab' ich geglaubt, dies hübsche Etui, so ganz mein Geschmack, das hättest du mir mitgebracht, bis ich an den Fotos merkte, es gehört schon jemand. Sei mir bitte nicht böse...« und dann wundertest du dich, daß ich Selige so heftig an deiner Brust weinte, und sagtest, ich wüßte doch, du wolltest durchaus nicht jedesmal was geschenkt haben, das wäre doch noch besser, ich sollte doch um Gottes willen nicht denken, daß du nun enttäuscht seist, und was ich nur hätte... Und ich hörte gar nicht genau, was du sagtest, und liebte deine geliebte Stimme.

Und was eigentlich mit mir gewesen war, das hast du nicht gemerkt. Und ich habe beschlossen, nichts einzugestehn und nie mehr eifersüchtig zu sein. Denn wenn du mir wirklich Grund gegeben hättest zur Eifersucht, so eifersüchtig wie ich es diesmal ohne Grund war, könnte ich doch sonst nie sein.

Also hatte es überhaupt keinen Sinn, das mit der Eifersucht. Und diesen langen Brief, den die kleine Bemerkung über Eifersucht in deinem Brief angeregt hatte, den hätte ich dir wohl eigentlich gar nicht schreiben sollen, weiß auch noch nicht, ob ich ihn nicht im letzten Moment zerreißen werde. Denn – vielleicht – wer kann's wissen? – vielleicht war das schweinslederne Etui doch deins – wo es doch so ganz dein Geschmack war. Und warum sollte die dänische Dame, da doch all ihre andern Sachen in der Kommode waren, gerade dies Etui im Nachttisch gelassen haben? Und vielleicht kannst du dich eben ganz ungeheuer zusammennehmen, du Mann! Und was hilft es dann, eifersüchtig zu sein? Ich liebe es, wenn Männer sich in der Gewalt haben, weil es dann so bezaubernd ist, wenn sie sich mit einemmal gehenlassen... Ach, ich Arme, ich liebe dich wohl, wie du bist!...

Bagatelle

...und bald wird Rosenzeit sein, und du wirst hier sein. Und ich? Nun, jedenfalls versäume dann nicht (»Rosenzeit wie schnell vorbei!«), in den Garten Bagatelle zu gehen, um die Blüten der Hecken, Beete und Laubengänge anzuschauen. Kannst mit dem Bus von der Porte Maillot bis Porte de Bagatelle fahren, kannst aber auch von der Gegend der Seen im Bois auf hübschen Fußwegen bis vor das große Eingangsgitter, die »grille d'honneur«, kommen. Da gibt's Ansichtskarten und Zuckerstangen, und unter den Bonbons habe ich eine Art Pfefferminztabletten entdeckt, die heißt »Pernod fils« und schmeckt wirklich, mit einiger Andacht gelutscht, nach dem, was wir einst mit denen, die noch Verlaine gekannt haben, tranken. Das waren schöne Zeiten, herbstliche... Aber jetzt ist Frühling, und ich sitze in der Buvette am Parktor und will dir berichten.

Seit einem Vierteljahrhundert gehören Schloß und Park Bagatelle der Stadt Paris. Sie hat sie von den Nachkommen des reichen Lord Hertford erworben, dem Louis-Philippe sie vor hundert Jahren verkaufte. Bis zu dieser Zeit war Bagatelle meist königlicher Besitz gewesen, und Hecken und Mauern hatten den Augen des Volkes die Feste der »Folies d'Artois« verborgen. So wurde der Garten genannt, seit Graf d'Artois, der spätere König Charles X., den alten Jagdpavillon aus der Zeit des »guten Königs Heinrich« sich angeeignet hatte. Diesen Kauf veranlaßte eine merkwürdige Wette des Grafen mit der Königin Marie Antoinette. Er behauptete, im Laufe von zwei Monaten die alte Stätte in ein schmuckes Schloß verwandeln zu können. Mit viel Geld und achthundert Arbeitern brachte er die für seine Zeit erstaunliche Leistung zustande: Anstelle des kleinen »Rendezvous de chasse« erhob sich das elegante Bauwerk, das noch heute steht.

»Parva sed apta« ist als Devise unterm Gesims eingegraben, »klein, aber behaglich«: eine Bagatelle. Weitab von Stadt und Vorstadt lag damals dies Stück Glückseligkeit. Und wo heute sich Sportplätze und Übungsfelder des Hippodroms von Longchamps erstrecken, über die hinweg du von der Schloßterrasse die Höhen von Puteaux und Suresnes sehen wirst, war Wald und wucherndes Feld.

Vor beiden Eingängen des Schlosses Bagatelle lagern je zwei Sphinxe. Die beiden, die in den Vorhof schauen, sind die üblichen ernsthaften Geschöpfe mit dem pseudoägyptischen Haaraufsatz, halb Tiara, halb Coiffure. Auch die Bronzeputten, die, patinagrüne Schatten werfend, auf den weißen Löwenrücken reiten, benehmen sich mit ihren Kranzgewinden gesittet. Aber das Paar, das nach der Gartenseite lagert, das sind kokette Mädchen mit Rokokofrisur und niedlich grausamer Miene. Ihre zierlichen Busen sind gestützt von gewundenem Steinwerk, das wie ein Korsett aussieht, und die Löwentatzen sitzen wie abstreifbare Handschuhe an den Frauenarmen. Die Putten auf den Rücken dieser beiden sind so weiß wie ihre Trägerinnen und haben Amorpfeile im Köcher und Streublümchen in den Händen. Das Innere des Schlosses konnte ich heute leider nur durch die großen Fenster sehen: einen wunderbar runden Vorsaal mit Kaminen, Spiegeln, schmal hohen Türen, Konsolen, Friesen. Das Schloß ist zur Zeit nicht geöffnet, sagte mir ein freundlicher Gartenaufseher, und die Bilder von Fragonard und Greuze und die Statuen des Schweigens, der Tollheit und der Anmut sind »vu la situation«, wie er sich ausdrückte, entfernt. Nun, vielleicht bekommst du sie zu sehen, wenn du zur Rosenzeit herkommst oder doch wenigstens im Herbst, wenn du kommst, die Nymphen im Gartenbecken anzusehen.

Aber ich? Nun, immerhin habe ich durch die Fenster geahnt, wie es da drinnen einmal zugegangen sein mag. Die Communs waren unterm Erdgeschoß und die Dienerschaft hatte Befehl, sich nur, wenn sie gerufen wurde, hinaufzubegeben. Wenn du nun an einem Sommertage von den Stufen des Peristyls auf Rasen, Teich und Grotten schauen wirst, kannst du dir vielleicht die schönen falschen Schäferinnen vorstellen, die hier spielten und lagerten und unterm gerafften Rock einen blanken Fuß in sanftes Wasser streckten, da drüben zum Beispiel, wo die Seerosen blühen werden. Ich habe da heute nur rötlich violette Blätter schwimmen sehen. Aber du wirst die Blumen selber besuchen. Eine menschenfreundliche Inschrift erlaubt dir, während der Blütezeit den Rasen zu betreten. Weiße, rosa und rote Nymphäen werden sich schwebend aufrecht halten über den schwimmenden Scheiben der Blätter. Darf man Weltgeschichte – zum Trost – als Märchen erzählen, dann sind vielleicht die Schönen aus den letzten Tagen der »Lebenssüße«, als die Revolution sie aus ihrem grünen und marmornen Paradiese verscheuchen wollte, rasch in Blumen der Büsche, Beete und Teiche verwandelt worden und dem freien Volke, dem nunmehr Park und Welt gehört, botanisch erhalten geblieben. Und zur Blütezeit darf es über den Rasen ganz nah an sie heran.

Nach der Revolution erlebte Bagatelle noch manches Fest. Josephine Beauharnais besuchte hier die ländlichen Orgien des Directoire. Napoleon kaufte Schloß und Garten; nach ihm war der Herzog von Berry Besitzer von Bagatelle und der Kronprätendent Graf Chambord spielte als Kind auf dem Rasen. Aber die große Zeit der Folies d'Artois war längst vorbei. Und heute herrscht hier nur Erinnerung und Botanik. Kleine Schildchen stehen vor winzigen Sträuchern und Bäumchen und berichten von Kalifornien und dem Himalaya. Die meisten tragen ernste lateinische Namen. Einigen aber sind Bezeichnungen beigegeben, ähnlich denen, welche die großen Schneider für ihre Modeschöpfungen wählen: Avalanche, Espérance, Vestale.

Unter den Laubengängen, wo du demnächst die Rosen besuchen wirst, habe ich auf dem Rasen für dich Narzissen, Märzbecher, Tulpen, Hyazinthen und Vergißmeinnicht angesehen. Und auf einer Steinbank, deren Füße Leierform hat, habe ich nahe bei einer Felsengrotte gesessen, die gewiß einstmals »galant« war. Heut stand da im Halbdunkel die Karre eines Gärtners, und gegen die Wölbung lehnte seine Harke. Wo hinter mir zwischen den Pfeilern mit den Steinvasen ein Gitter die Mauer unterbrach, ist draußen ein Stück Wildnis stehengeblieben, mitten in dem modernen gepflegten Bois de Boulogne zur Erinnerung an die Zeit, als diese Mauer zwei Welten trennte...

Ein Garten voll Weltgeschichte

In Paris gibt es einige Kinderspielplätze, auf denen in alter Zeit Weltgeschichte und das große Leben stattfand, zum Beispiel der Garten des Palais Royal. Da ist es hübsch, müßig zu gehen oder auf einer Bank zu sitzen, die Strecke, die ein Baby taumelt, eine Murmel läuft, ein Ball fliegt, zu verfolgen und hinzuzudenken, was in denselben paar Metern, in demselben Spielraum der Zeit sich alles mag begeben haben. Zu solch nachdenklichem Aufenthalt liefern dem Stadtfreund zahllose Bücher, Dokumente, Modekupfer, Karikaturen des großen Antiquariats Paris ergänzendes Material. Die Zeit rollt ein paar Jahrhunderte rückwärts, und mitten über den Spielplatz quert ein Stück Festungswall der mittelalterlichen Stadtmauer, gegen die einst Jeanne d'Arc anstürmte. Die Mauer wird abgerissen, mit ihr verschwinden Sand und Rasen der Gegenwart. Gartenbeete sind da, zu Ornamenten gezüchtet, und in den Alleen grüßen sich die Musketiere des großen Kardinals mit weitgeschwungenen Hüten. Dahinter steigt das strenge Schloß auf, dessen Äußeres dem düster vornehmen Wesen seines Besitzers entspricht. Um so üppiger sind Hallen, Treppen und Säle des Innern. Da empfängt Richelieu im überschmückten Gemach die Gelehrten, aus deren Privatverein er die Académie Française machen wird, da sitzt er im großen, von Logen umgebenen Theatersaal mit viel Abstand von den anderen und wohnt der Aufführung eines Stückes bei. Es ist ›Mirame‹, die Liebes- und Staatsaktion, deren eigentlicher Autor er selber ist, wenn er das Stück auch von einem seiner Höflinge hat vollenden und signieren lassen. Er wollte wetteifern mit dem ›Cid‹ des jungen Corneille. Und dort, in einer Art Atrium, in das die Kavaliere seines Königs langsam eintreten, sich nach seiner Gesundheit zu erkundigen, hat der Todkranke an einem Tisch Platz genommen und schreibt das

Testament, in welchem er dem König sein Palais, seine goldene Kapelle, sein Büfett aus ziseliertem Silber und seinen großen Diamanten vermacht. Einige Monate nach seinem allmächtigen Minister starb der König. Seine Witwe, Anna von Österreich, bezog das nunmehr »Palais Royal« genannte Schloß mit ihren Söhnen, Louis, dem fünfjährigen König, und dem dreijährigen Philippe, als Königsbruder »Monsieur« genannt. Der Schloßbau wird von Mansart vergrößert und aufgeheitert. Aber auch hier in unserem Garteneck erhebt sich ein Gebäude, eine Miniaturfestung, eine winzige Burg, mit Bastionen, Schanzen und Gräben, das »Fort Royal«, in dem der kleine König Krieg und Belagerung spielt und lernt. Als Erwachsener ist Louis XIV. dieser Kindheitsstätte untreu geworden und hat das Palais Royal seinem Bruder überlassen. Dessen Nachkömmlinge, die Orléans, haben Schloß und Garten weiter ausgebaut und mit und nach der großen Welt ist allmählich auch die kleine und die halbe Welt in Wandelgänge und Gartenwege eingedrungen. Der letzte in der Reihe der Orléans vor der Revolution, der später seinem Namen, schlau paktierend, aber mit nur kurzem Erfolge, das Wort »Egalité« anhängte, umgab, um sein verschwenderisches Leben zu finanzieren, den Garten des Palais mit den Galerien, die ihn heute noch einfassen. Diese Galerien vermietete er an Besitzer von Kaufläden und Cafés. Das Volk nannte diese Prokurazien von Paris das »Palais Marchand«, und Louis XVI. sagte: »Lieber Vetter, Sie machen, scheints, einen Laden auf; da wird man Sie gewiß nur noch am Sonntag zu sehen bekommen.« Nun siedelt sich die Mode an, mit Tuch und Brokat, Schleifen, Blumen und Federn. Speisehäuser und Cafés füllen sich, nicht nur im Erdgeschoß und ersten Stockwerk, sondern bis hinab in die Kellerräume, wo sie »Englische Taverne« und »Flämische Grotte« heißen. Im Garten ist die Bude mit den ersten Automaten, Seraphines Theater mit chinesischen Schattenbildern, und vor einem Jahrmarktsstand Madame La Pierre, die preußische Riesin, sechs Fuß zwölf Zoll hoch. Im Wachsfigurenkabinett von Curtius bewundert man Favoritinnen des Sultans und berühmte Zeitgenossen. Um die Mittagszeit aber scharen sich die Leute um die »Kanone«. Das ist ein Instrument mit geschliffener Linse, durch welche die Sonne im Augenblick, da sie den Meridian erreicht, Pulver erhitzt und entflammt und einen Schuß auslöst. Auf dieses Signal stellen die Ankömmlinge ihre Uhren.

Die Szene bleibt. Die Schauspieler wechseln. 1789! Der Garten wird zum Forum der Revolution, die Cafés verwandeln sich in Clubs. Camille Desmoulins springt auf einen Tisch vor dem Café Foy und ruft das Volk zu den Waffen. (Das Denkmal dort an diesem Rasenrand verewigt diesen Augenblick und nimmt unserer Phantasie die Arbeit ab.) Die Kanoniere, die ihren Posten verlassen haben, tanzen mit Marktweibern. Im Café des Patriotes beehrt man sich laut Plakat mit dem Titel »Citoyen«, man duzt sich und – man raucht! Eine Strohpuppe, die, mit Tiara und allen Zeichen seiner Würde angetan, den Papst darstellt, wird verbrannt. Ein Modehaus, das sich jetzt »Maison Egalité« nennt, preist seine »Robes rondes à la Carmagnole«, seine »Redingotes à la Républicaine« und seine »Jupes à la Grecque« an. »A la grecque« gekleidet erscheint die schöne Madame Tallien und promeniert als erste in diesem Garten mit kurzgeschnittenem Haar. Und man nennt diese neue Haartracht »les cheveux coupés à la victime«. 1793! Bei einem Messerschmied dort unter der Arkade Nr. 177 kauft Charlotte Corday für zwei Franken das Küchenmesser, das sie am Abend desselben Tages Marat in die Brust stechen wird. Die Trinker, die aus den Kellern und Cafés kommen, werden sogleich auf der Rue du Faubourg Saint Honoré den Karren begegnen, die Verurteilte zur Place de la Révolution fahren. Das Treiben der »Nymphen« scheint unter der Herrschaft des sittenstrengen Robespierre einen Augenblick bedroht, man will den Garten Egalité von ihnen säubern. Aber General Henriot, den man zu ihnen schickt, fragt sie nur, ob sie gute Republikanerinnen seien und keine Aristokraten und Feinde verbergen. Und sie erwidern: »Fi! Fi! Notre général, nous ne reçevons que des Sanscoulottes.« Und treiben es schlimmer als zuvor, vor allem etwas derber, weniger schäferinnenhaft. Kupplerische Hände winken hinter den Gitterstäben der Galerien und zerren in die Torbögen.

Directoire: Unterm Torbogen drüben ist die Börse der Assignaten. Auf den riesigen »brioches« der Kuchenbäckerei ist der neueste Kurs des Louis d'or angeheftet: 8000 Livres in Assignaten. Eine besondere Art Königinnen thront in den Cafés an hohen blumengeschmückten Tischen: die Belle Limonadière des Café des Mille Colonnes, von ihren Verehrern umgeben, und einzeln, unnahbar, die dicke Madame Véry in der berühmten Gaststätte, die ihren Namen trägt.

Kaiserzeit: Über die Pflaster der Wandelgänge scheppern die Säbel von Napoleons Kriegern. Das Gehenk verwickelt sich im Gedränge in griechische und römische Gewänder, an denen man jetzt nur noch eine Schleife zu lösen braucht, um den ungeduldigen Sieger zu beglücken. Ganz Europa träumt, von Reisebüchern und Berichten erregt, von den Freuden im »Tempel der Wollust«. Und als im Jahre 1814 die siegreichen Alliierten in Paris einrücken, stürzen sich Kosaken und Panduren, Wellingtons Schotten, Blüchers Grenadiere und österreichische Ulanen in die Wandelgänge. (Den Engländern bekommt das vortreffliche Essen und Trinken bei Lemblin und Véfour nicht immer gut, wie eine lustige Karikatur verrät; auf einer anderen verlocken einen »Mylord« die rundlichen, »méringue« genannten Backwerke der jungen Verkäuferin fast so sehr wie ihre gerundeten Brüste.) Unter den Spielbanken wird Nr. 113 berühmt, wo Blücher sein unkriegerisches Hauptquartier aufschlägt und Millionen verspielt. Es ist vielleicht dieselbe Stätte, in der zehn, zwanzig Jahre später Balzacs Raphael de Valentin sein letztes Goldstück einbüßt und der junge Rastignac in einigen Minuten ein kleines Vermögen gewinnt. Dort, das belebte Barackengerüst ist auch eine Balzac-Illustration. Das sind die »Holzgalerien«, die an der Stelle stehen bleiben, wo der Bau der Orléans noch nicht fertig geworden ist. In den »Verlorenen Illusionen« sind Baufälligkeit, Schmutz und Flitter dieses »Camp des Tatares«, seine Makler, Buchhändler, Modistinnen und Freudenmädchen ausführlich beschrieben.

Wiederkehr der Bourbonen: Das Palais wird noch einmal königlich und Orléans-Besitz. Es wird weiter ausgebaut. Weiter wird Baccarat, Biribi und Lansquenet gespielt. Die Ware der Konditoren wird mit »Dessins sucrés« und »Dévises de bonbons« geschmückt, die von bekannten Poeten verfaßt werden. – Dann erlebt das Palais Royal noch Louis Philippes Familienfreuden, aber auch den Schrecken naher Straßenkämpfe, und Orléans glückliche Ankunft vor seinem Hause am letzten der »drei glorreichen Tage«, wo er unter der Trikolore den General Lafayette umarmt, um dann unter dem Jubel des Volkes zum Stadthaus zu ziehen und von dort als König der Franzosen zurückzukehren. Der letzte fürstliche Bewohner des Palais ist der Prinz Napoleon in den sechziger Jahren. Aber da geht die große Zeit von Garten und Wandelgang schon vorbei. Juweliere und Modehäuser wandern ab, Cafés und Restaurants werden von neuen Gaststätten der großen Boulevards überflügelt. Die Spielhäuser sind längst verboten, die galanten Damen verschwinden. Um die Jahrhundertwende ist der Garten und seine Umgebung eine Zeitlang recht düster und nicht ungefährlich für einen einsamen Spaziergänger. Die Zeitungen berichten von Überfällen; Verbrecher geben sich hier Stelldichein zu Einbruch und Raub. Und heut sind aus festlichen Gemächern nüchterne Staatsbüros und Direktionen geworden. In den Galerien sind kleine Läden mit billigem Schmuck, Briefmarken-, Buch- und Papierhandlungen, wie man sie in den veraltenden Passagen der Boulevards findet. Und der Garten der Revolution und Wollust ist zur Promenade von Kleinbürgerfrauen, Bonnen und Ammen geworden und zu diesem Kinderspielplatz, aus dessen Sand und Rasen uns die alte Zeit ersteht.

Page und Königin

Wir waren lange in dem alten Pariser Stadtviertel des Temple umhergegangen, und zu den meisten Häusern hatte uns der führende Freund, Bibliothekar und Kenner, nur ein paar erklärende Worte gesagt. Da kamen wir in die leere Rue du Figuier. Aus hoher, sonst schmuckloser Mauer sprang uns plötzlich ein rundes Türmchen entgegen. Nach ein paar Schritten um die Ecke biegend, hatten wir die Front des Gebäudes vor uns. Da waren rechts und links über dem hochgewölbten Portal wieder zwei Türmchen und zwischen ihnen Stücke von Wasserspeiern. Eine Inschrift lehrte uns, daß wir vor dem Hause standen, das für den Erzbischof von Sens und Metropoliten von Paris, Tristan de Salazar, erbaut und von ihm und seinen Nachfolgern lange Zeit bewohnt worden war. Von einer merkwürdigen Bewohnerin dieses Hauses, das jetzt Fabrik und Speicher ist, verriet die Inschrift nichts. Aber nun wurde unser Freund beredt und erzählte:

Sie wohnte nur wenige Jahre hier und war nicht mehr jung, die schöne, immer noch lebens- und liebesfrohe Königin Marguerite, letzte Prinzessin aus dem Hause Valois. Von ihrem Gatten, König Heinrich IV., war sie bereits geschieden. Ihre aus politischen Gründen geschlossene Ehe war nie glücklich gewesen. Als sie am Hochzeitstage im großen, blauen Mantel, dessen Schleppe drei »Töchter von Frankreich« trugen, vor dem Altar in Notre-Dame stand, fiel ihr Blick auf den Feind ihres Bräutigams, den Duc de Guise, der als schönster unter den prächtig gekleideten Katholischen stand, während der Bearner und seine Ketzer trotzig in ihren schlichten Wämsern erschienen. Es wird überliefert, Marguerite habe erst geschwiegen, als der Priester ihr Ja erwartete, und ihr Bruder, König Heinrich, habe sie von hinten an den Kopf gestoßen, damit sie nicke. Und solange der Bearner gezwungen am Pariser Hof zurückgehalten wurde, vergaß er seine Sorgen lieber in den Armen der Filles d'honneur als in denen der Frau, die ihm in der Bartholomäusnacht das Leben gerettet hatte. Er hatte auch derbere Gewohnheiten und Bedürfnisse als Marguerite, von deren Reiz, Geist und Eleganz ihre Verehrer und Freunde, vor allem Brantôme, der Biograph berühmter und galanter Damen, nicht genug Rühmens machen konnten. Dafür sagten ihre Feinde aus dem Hugenottenlager ihr alles nur denkbare Schlechte nach.

Nach vielen Jahren des Hofglanzes und der Verbannung, nach all den Intrigen, die sie gesponnen hatte und die gegen sie gesponnen worden waren, nach mancher leidenschaftlichen Liebschaft und nach manchem nicht minder leidenschaftlichen Haß war »Margot« erschöpft für eine Weile hier in diesem Hause gelandet, nicht um einsam auszuruhen, sondern um gleich ein neues geselliges Leben zu beginnen. Der König war zu seiner Geschiedenen liebenswürdiger, als er zu seiner Ehefrau gewesen war. Er mahnte sie freundlich, nicht mehr die Nacht zum Tage zu machen und ihre Freigiebigkeit etwas einzuschränken. Und sein Minister Sully bezahlte ihre Schulden. Auch mit der neuen Königin Marie bildeten sich gute Beziehungen, und Margot, die Kinderlose, spielte gern mit dem Dauphin. Sie hatte einen kleinen Hofstaat, in dem die Anmut und Etikette der Valois weiterlebten. Sie war von Musikern und Dichtern, geistlichen und weltlichen Würdenträgern und schönen Frauen umgeben, und ihre Pagen hatten modisches flachsblondes Haar. Margot war von Natur brünett, und Brantôme fand sie am schönsten in ihrem eigenen Haar. Sie selbst sah sich lieber in blonder Perücke. Um diese von Zeit zu Zeit zu erneuern, gaben die hübschen Edelknaben der Königin ihr Haar her. Und sie gaben ihr noch mehr. Besonders einer stand in ihrer Gunst, ein provencalischer Junker, Date de Saint-Julien. Margots Lästerer wollten wissen, sie habe diesen Date aus einem Zimmermannssohn und Lakaien »mit sechs Ellen

Stoff zu einem Edelmann gemacht«. Der Zwanzigjährige hatte einen achtzehnjährigen Nebenbuhler, der ihm nach dem Leben trachtete. Als am 5. April des Jahres 1606 Margot von der Messe bei den Cölestinern, von ihrem Günstling begleitet, heimkam und hier auf diesem Platz aus dem Wagen stieg, schoß vor ihren Augen der eifersüchtige Valmont ihren lieben Date nieder. Er versuchte dann zu fliehen, wurde aber gepackt und geknebelt. Margot, die mit dem Sterbenden ins Haus gekommen war, trat an ein Fenster, vielleicht an das dort im kleinen Seitenturm; denn hier die gewundene Gasse hinauf könnte der Mörder geflohen sein. Von dort rief sie (sagen die hugenottischen Chronisten) wutheulend ihren Leuten zu: »Schießt, schlagt ihn tot! Und wenn ihr keine Waffen zur Hand habt, hier, nehmt meine Strumpfbänder und erwürgt ihn!«

Der Brief ist erhalten, den sie am selben Tage dem König sandte und in dem sie nach ausführlicher Besprechung verschiedener politischer Angelegenheiten (Heinrich hörte gern ihren Rat und ihre Meinungen) ihn beschwor, sofort an dem Mörder die Strafe vollziehen zu lassen. Sie wollte nicht essen noch trinken, ehe das Urteil vollstreckt sei. Der derbe Bearner suchte sie damit zu trösten, daß er an seinem Hofe wohl ein Dutzend so brave und galante Junker für sie zur Verfügung habe, wie dieser Saint-Julien gewesen, aber auf seinen Befehl wurde schon am nächsten Tage hier vor dem Hôtel de Sens ein Schafott errichtet. Und Margot sah vom Fenster aus zu, wie dem Mörder, der sie lachend grüßte und nicht um Verzeihung bitten wollte, der Kopf abgeschlagen wurde. Dann aber wurde sie ohnmächtig.

Später hatte Margot ein prächtiges Haus nahe an der Seine, da, wo jetzt die Kunstakademie ist, und einen noch größeren Hofstaat, an dem schon fast so zierlich und gepflegt gesprochen und gedacht wurde wie wieder etwas später im Hôtel de Rambouillet; sie hat Stanzen gedichtet, auf der Laute ihren Gesang begleitet und geistliche Lieder verfaßt, die ihre Schützlinge, die Augustiner-Barfüßer, sangen. Sie, deren Schönheit »der des Himmels Schande machte und die Frommen von ihrer Andacht ablenkte«, hat viel gebetet und war mildtätig.

Sie wurde im Alter beleibt und trug auf den Hüften einen gewaltigen Vertugadin (so hieß halb spanisch der Hüftwulst der Damen). In diesem Vertugadin waren mehrere Taschen. Darin habe sie, behaupten einige Chronisten, in Kapseln einbalsamiert, die Herzen ihrer besten Liebhaber aufgehoben. Wenn das zutrifft, war sicherlich auch das Herz des blonden Date de Saint-Julien darunter, der hier vor diesen Mauern und Türmen sein Leben für die Königin Margot gelassen hat.

Rue Mouffetard

Der billigste und bunteste Markt von Paris ist in der Rue Mouffetard. Noch immer eng und uneben wie in alter Zeit, schlängelt sich die altberühmte – durch den Goldfund im Keller eines abgebrochenen Hauses neu berühmt gewordene – Mouffetard unterhalb des Berges der Heiligen Genovefa vom Lateinischen Viertel in die südliche Vorstadt. Die Fülle der Menschen und Karren ist von beiden Seiten noch bedrängt durch die Auslagen der Läden. Die Erdgeschosse der Häuser verschwinden hinter Stoffballen und Gemüsehügeln. Diese Häuser hießen einst schön – in der Zeit, als sie noch keine Nummern, sondern nur Namen hatten, deren bildhafte Darstellung als Schild vorm Hause hing, zwischen schwankenden Laternen im Winde knarrte, auf Holz oder Blech an die Wand gemalt, vorspringend oder ausgehöhlt in die Mauer gemeißelt war. Die Kleine Armbrust gab es damals, die Vier Heymonskinder, Goldfaust und Silberhand, Drei Näpfe, Göttinnen, Stachelschwein und Kienapfel, Schlafende Katze und Gottesmutter, den Pantoffel und den Großen Carolus. Einiges von dieser Lust an der »Enseigne« ist der Mouffetard aus jüngerer Vergangenheit noch geblieben. Über der Krämerei zur Guten Quelle ist in Relief ein Brunnen mit zwei schöpfenden Männern zu sehen, eine Metzgerei hat zwei Ochsen und drei Lämmer im Schild. Wie Schusters Stiefel und Schlossers Schlüssel hängt vor der Stahlwarenhandlung der »Kleine Scherenschleifer« leibhaftig mit Messer und Schleifrad aus.

Mit einmal steigen über Koffer, Bettstellen und Kinderkleidchen, über Tuchreste, Seide und Blumenkohl brüchige Säulen eines Eingangs. Die sind aus der Zeit, als hier Wohnstätten der Vornehmen und Mauern stattlicher Klöster mit Schlupfwinkeln der Armut nachbarlich kontrastierten. Solch ein Portal ist übriggeblieben von dem Hospiz der Damen von der »Miséricorde de Jésus«. Das war Zuflucht mancher großen Dame, unter anderen einer, die erst später ihre volle Größe erreichte. Als Witwe des Späßedichters Scarron zog sie sich hierher zurück, um danach Erzieherin der Kinder Ludwigs XIV. und der Montespan, später des Königs Geliebte und endlich als Marquise de Maintenon Mitherrscherin von Frankreich zu werden. Jetzt steckt zwischen den Säulen am ersten Stockwerk überm Tor eine blauweißrote Blechfahne, Wahrzeichen der Waschanstalt zur »Alten Eiche«. Dieser Name und der auf der Wand daneben in derbem Relief ausgehauene Eichbaum erinnern an einen Ball dieses Namens, einen der vielen Volksbälle dieses Stadtteils, die längst verschwunden oder weitergewandert sind.

Als ich kürzlich wieder einmal in die Mouffetard und vor dieses Portal kam und von da über den Damm ging, las ich an einem unscheinbaren Hause ein Plakat, das eine Aufführung der »Plaideurs« von Racine anzeigte. An Pelzmänteln, Kinderuniformen, Taschenkrebsen und Schnecken vorbei suchte ich in diese »Maison pour tous« zu gelangen, immer wieder zurückgeschoben von Pfadfinderknaben und -mädchen, die gerade eine Bilderausstellung ihrer Kameraden im Vorraum des Hauses verließen. Endlich war ich drinnen und mit einmal ganz allein zwischen Bankreihen vor einer Bühne, auf der ein kleines Hausgebilde stand, das ich für ein Marionettentheater hielt. Sollte vielleicht hier das alte, vom Uralten inspirierte Lustspiel für Marionetten zurechtgemacht worden sein? Würden der griesgrämige Richter, sein lustiger Diener Petit-Jean, die streitsüchtigen Alten und das junge Liebespaar, an Drähten gezogen ihre Händel und ihr Getändel vorzappeln? Als ich mich dann aber am Abend desselben Tages neugierig einfand, kam ein leibhaftiger Petit-Jean aus dem Türvorhang des Häuschens hervor und war Mitglied einer jugendlichen Liebhabertruppe, der »Comédie Mouffetard«, die hier den Bewohnern des halb volkstümlichen, halb »lateinischen« Viertels zum ersten Male in ihrem Leben ein Schauspiel boten, zu dem sie selbst als Zimmerer, Elektriker, Maler und Schneider Gerät, Licht und Kostüm geschaffen haben. Aus der Dachluke des Häuschens, das ich Mittags für ein Kasperletheater gehalten hatte, schaute mit Maskengesicht der zänkische Richter, ein fuchtelnder Guignol, heraus. Und rechts von dem etwas engen Gestühl des Zuschauerraums teilte sich ein Seitenvorhang, und es erschien in angegilbtem Atlas die hübsche Liebhaberin Isabelle. Süß wie Zuckerwerk in der Konditorenmanschette, stak sie in ihrem armselig köstlichen Gewande, dessen hangende Borten sich in denen des Vorhangs verfingen, als sie dann auf etwas unförmigen Sandalen, die an die Schuhe der Braut im Massakerspiel des Jahrmarkts erinnerten, an uns vorbei dem nicht minder seidenweißen Liebsten auf der Bühne entgegenschreiten wollte. Der hatte rote Absätze, richtige »talons rouges« an seinen Schuhen und war damit und mit seiner Lockenperücke und seinem Pastellgesicht so ganz im Zeitalter des Sonnenkönigs wie im Hause gegenüber die Reste des Damenhospizes. Er und all die anderen jungen Leute sprachen die Alexandriner Racines in ihrer drolligen Getragenheit, als wären sie eben erst eigens für sie gedichtet worden. Der schönste von allen aber war der mitspielende Souffleur, der in dem witzigen Scheinprozeß, welcher des Stückes Knoten löst, dem tölpischen Bedienten vorzuflüstern hat. Er war als kleieweißer Pierrot gekleidet, und neben und über den Masken der grotesken Zänker und Prügeler und den Puppenköpfen der Liebenden geisterte sein geschminktes Antlitz; ein Engelsgesicht.

Seit jenem Abend sind einige Wochen vergangen und aus den Zeitungen erfahre ich, daß meine »Comédiens Mouffetard« bereits auf einer »richtigen« Bühne auftreten und vor Publikum und Kritik gut bestehen. Das freut mich aufrichtig, aber noch mehr freue ich mich, sie noch »im Stande der Unschuld« erlebt zu haben, im selbstgezimmerten Bretterhaus der Altstadtgasse, wo alles gegenwärtig und gut beisammen war: Eifer und Übermut herrlich dilettierender Jugend, das große Jahrhundert Frankreichs und ein kleiner Schimmer von Ewigkeit.

Am Tor blieb ich stehen. Wo früher die Fortifikationen waren, sah ich nur Bauplatz und Trümmerhaufen. Und hinter mir, wo einst an Zufallshäusern schiefe Schenken klebten, erhoben sich stattliche Neubauten, halb schon bewohnt; auf den kahlen Fenstern der noch leeren Etagen waren weiße Kringel aus Leimfarbe zu sehen. Ich ging die Kirchhofsmauer entlang. Auf der anderen Seite des Dammes, kurz ehe er im Sand der Landstraße aufhörte, erschien zwischen farbigen Baracken eine kleine Kneipe mit der Aufschrift »Mieux içi qu'en face«. Ach Lebenslust!

An der »Route« hat jeder seine Hütte gebaut, wie es ihm gefiel. Ein Neben- und Durcheinander von Dorfstrohdach, Farwestbiwak, Klebebau und Kletterbahn. Es ist wie in einem unaufgeräumten Kinderzimmer, die Kleinen sind fortgelaufen oder schlafen gegangen, ohne ihr Spielzeug einzupacken. Aus dem Stahlbaukasten stammen die Schuppen mit den gestapelten und herumliegenden Maschinenteilen für vorüberfahrende Autos, aus dem Holzbaukasten die hellblaue Bude des Schusters und die Bretterbalkons der falschen Schweizerhäuschen in den Krautgärten, aus dem Steinbaukasten die glatten und graupeligen Quader, Ziegel und Zierstücke der kauzigen Villen. Und mitten in all dem Geschiebe, das Stein an Stein, Klotz an Klotz geschraubt, gepinnt und gebastelt ist, erheben sich plötzlich, umwuchert von Efeu und Weinlaub, Tempelsims und Statuennische eines stehengebliebenen, wirklichen Hauses im klassizistischen Geschmack, das unbewohnt auf Abbruch wartet, mit bröckelnder Mauer und bemooster Schwelle.

Hier nimmt die Trambahn mich ein Stück über Land mit. Sie hält an dem braunen Akzisehäuschen, in dem aber kein Zöllner und kein Zoll mehr ist. Leer steht es an der Kreuzung zweier Chausseen. Ein paar Stationen weiter bin ich ausgestiegen, weil die Wegwende lockte. Da lag tief an der Straße eine Pension de famille. Mit ihrer schmalen Türseite stieß sie keilförmig an die Straßenecke und flankierte mit dem einzigen Stockwerk die Avenue und eine schräg aufsteigende Dorfstraße, die ins Grüne ging. Die Läden waren geschlossen, die Jalousien heruntergelassen, nur in ein Fenster konnte man ein wenig hineinsehen, darin stand eine leere Blumenvase. Ich konnte mir nicht denken, daß Menschen sich hier wirklich in Pension gaben, und hätte es doch gern selbst versucht. Ich ging den Landweg hinauf und kam an eine Gartenmauer. Auf deren Ecke hockte eine Art Belvedere. Die Wände des Fünfecks, das es bildete, bestanden aus rötlichem Kalkbewurf, den rohe, kaum entborkte, stellenweise nicht einmal entzweigte Baumäste durchkreuzten und hielten. Ich sah weiter hinauf zur Fensterwand. Sie war verdeckt von einer brüchigen Jalousie, welche das Geheimnisvolle eines Theatervorhangs hatte und blaugrün war wie Wasser unter Wasser angesehn. Das Blaugrün war so voll Erinnerung an ich weiß noch nicht oder nicht mehr was – vielleicht nur an sie selbst –, daß ich ganz müde wurde. Dann aber lenkte etwas im nächsten Garten unterhaltsam ab. Es war eine Wetterfahne aus roten und grünen Blechsegmenten, an deren Stange sich ein witziger Mechanismus befand: ein Rad, das über eine Winde läuft, von der zwei Puppen bewegt werden, die es zu drehen scheinen. Derselbe Mechanismus bewegte einen Kreis winziger Aeroplane und ein kleines blechernes Pferderennen. Eine Gartenecke weiter, an der Vorstadtstraße, rief mich die rote Riesenzigarre in den Tabakverschleiß.

Als ich mir an dem ewigen Lämpchen, dem kleinen Vestafeuer des Alltags und aller, wie es in jedem solchen Verschank brennt, eine Zigarette anzündete, hörte ich Tanzmusik und sah durch die hintere Glastür munter bewegte Schatten. Ich ging hin, öffnete, und stand vor einem runden Turm. Eine Inschrift verhieß oben Aussicht und versicherte, daß die Besteigung in die Consommation einbegriffen sei, aber mich lockte es nicht hinauf, sondern ins Erdgeschoß: da war der Boden festgestampfter Sand, da spielte ein Leierkasten »Ah les jolies roses«. Helle Stimmen sangen den süßen Reim »fraiches écloses«. Und dazu tanzten mit ihren Mädchen feldbraune und blaue Soldaten schon jetzt am frühen Nachmittag. Da fielen mir all die lieben abgebrauchten Reime von früher ein: »Elle était brune/Et sans fortune«. Und »Tu es tendre/Tu n'peux pas m'comprendre« (das war aus der Zeit, da man um Mädchenköpfe den schwarzbändrigen béguin sah). Und all die amour und jour, caresse ivresse, cœur bonheur (was sich genau wie Herz, Schmerz reimt und wohl ziemlich dasselbe meint).

Hinter einigen Paaren, die den Tanzboden verließen, her geriet ich auf einen gewundenen Dorfweg zwischen Gärten voll weißer und rosa Baumblüte. Das Blütenweiß kam so nah geflossen, daß ich kaum hinsehen konnte und ganz bedrängt geradeaus sah, den Schlängelpfad hinauf, der im Anstieg der Allee von Robinson endet. Da war der erste Ausschank dieser Schenkenstraße und daneben die Schießbude und der Laden mit Papptrompeten, Papierhüten und Confettischlangen eines beständigen Kinder- und Tageskarnevals. Zwischen Souvenirs lagen auf Postkartenstapeln genau solche Zwerghütchen wie der lustige Bettler eins auf hatte, der vor dem nächsten Restaurant auf seiner Trompete »Mon Paris« blies, den Leuten dort in den Lauben in ihre Vesper hinein, manchmal auch, die Trompete hebend zu denen, die in den berühmten Baumlogen saßen, hinauf. Diese Baumlogen gibt es noch immer. Sie sind gestützt auf breite Äste alter Bäume, welche eine Eintischterrasse umgabeln, die von entrindeten Zweigen als Laubenstäbe gerahmt ist. Es sitzen da oben nur noch vereinzelt Paare; die Sitte ist wohl überlebt, was ihr besondern Reiz gibt.

Die Menge drängt zu dem Dancing in der oberen Halle des großen Restaurants und zu dem Skatingrink unter den Pfeilern der Halle. In diese Belustigung seh ich hinein, und das, woran ich dabei lehne, ist der Stumpf des ältesten Baums. Er hat eine Versinschrift, die berichtet, daß einst die Könige und mit ihnen Colbert nach der Jagd hier gerastet haben. Ja, es ist eine Sehenswürdigkeit, woran ich da lehne. Der Führer des Fremdenrundfahrtautos zeigt auf mich und den verspellten Stamm. Während das Auto weiterfährt, kommen andre ähnlich große daher, aber nicht mit Fremden, sondern voll weißer Brautjungfern und schwarzer Brautführer, buntseidner Mütter und hemdsärmeliger Väter, die sich's bequem gemacht haben. Und hinter diesen kleinere Wagen, wunderliche zu Automobilen umgearbeitete Gefährte; manchen sieht man an, daß es früher Schlächterwagen waren, die Fleischbank ist noch erkennbar.

Oben auf der Veranda der Halle finde ich mich zwischen Mädchen, die, vom Tanze ausruhend, Waffeln futtern, Gaufrettes genannt, frisch aus Topf und Form des Verkäufers. Andre haben tunesische Pralinen von dem Braunen im Turban oder Pommes frites von dem weißmützigen Koch heraufgeholt. Zwischen rosa und hellblauem Flitter üben auch einige Applikationskleidchen mit weißen Vögelchen und Zweigen auf farbigem Grund und hie und da staubiger Samt mit rosa Gürtelschleife Bocksprünge und Froschhupfer des Charlestons.

Ich habe einen Platz zum Sitzen gefunden und sehe über meine Orangeade auf die fleißigen Arbeitsfinger einer, die etwas zu mir her kokettiert und dabei um so eifriger mit eben diesen Fingern ihren Nachbar-Liebsten karessiert, damit er nichts Unrechtes denke und ich mir nichts einbilde. Neben ihr die Freundin schaut ihrem Gesellen so nah ins Gesicht, wie es die Paare tun, die in den Wagen der Pariser Métro eng beieinander stehn.

Im Garten ist ein zweites Orchester. Wir sind im »Wahren Baum«, drüben ist der »Große Baum«, ein Stück weiter kommt der »Blaue Pavillon« und wegabwärts der »Gute Lafontaine«. Überall wird getanzt. Auf der Weghöhe sehe ich junges Volk sogar ohne Musik tanzen. An den Tanzenden vorbei fahren scheckige Zufalls- und Sonntagsautos und ein paar alte Pferdewägelchen aus dem Wagenverleih, Esel laufen dazwischen, die Kinder tragen, und Sonntagspferde mit gehobenen Sonntagsreitern.

Ich bin noch ein paar Schritte die Straße hinaufgegangen bis zum Verleihbureau, an dessen Gartentor ein sanft wartendes Graueselchen angebunden träumt. Als es dämmerig wird, taucht ein Mann auf, der späten Gästen möblierte Zimmer zum Auf-dem-Lande-Bleiben vermieten will – auch dies Stück der gastlich schläfernden Welt Paris lockt zum Übernachten. Aber heut scheint niemand hierbleiben zu wollen, alles drängt zu den Extraomnibussen, die zu den Toren der Stadt fahren. Solch ein Schub Sonntägler hat mich aufgenommen und heimgeschafft.

Nachher werde ich, in den Métroschacht umgebettet, unter der Erde hinab und wieder hinauf fahren, um am Montmartreabhang in dem kleinen Restaurant zu essen, wo man eng beieinander sitzt wie in der Schiffskajüte, werde vielleicht am Nebentisch wieder die Unschuld sehn mit den rasierten Augenbrauen, über die falsch hochgemalte gezogen sind, welche die Helligkeit der leergewordenen Stelle hervorheben. Und neben ihr die mit den ländlichen und schon so streng manikürten Händen, Händen, die mit wildgeröteten Nägeln neu elegante Bewegungen ausführen, die oft unterwegs stranden. Und einen Tisch weiter die Runde junger Leute, die »Copains«, die miteinander und mit dem ganzen Zimmer reden und aus lauter Geselligkeit ihre Meinungen über das weibliche Geschlecht besonders laut werden lassen. Der gute Wirt am Ausschank wird sich helfend einmischen, er, der gestern die Ehemöglichkeiten zweier Hunde aus dem Kreis seiner Gäste mit der Herrin der schüchternen Hündin und dem Herrn des unerfahrenen Hundes so sachlich erörterte. Meinen Kaffee werde ich stehend am Bar Les Mandarins nehmen, unterm Plakat des horntrinkenden schnauzbärtigen Galliers aus Maxeville. Da wird – exotischer Trost – die Mulattin stehn und die Milchige, der auf der Schulter die Stoffblume schwimmt wie Seerosen auf einem Teich. Überm Platz draußen wird das Somnolplakat des Zahnarztes, schmerzlosen Schlaf verheißend, leuchten. Den Abstieg werde ich vielleicht noch unterbrechen in einem Café, nahe dem Kartenteppich alter Herren, und wartend sitzen wie ein Mädchen, das still seinen »Crème« trinkt, bis der Geliebte kommt.

Der Hosenboden

Bei unserem Elfjährigen war der Hosenboden schon wieder einmal durch. Eine neue Hose? Nein. Wir lebten sparsam im sparsamen Paris. Unser Flickschneider war gern bereit, dem Schaden abzuhelfen, aber er hatte keinen Flicken in der Farbe und dem Muster der aufgerissenen Hose. Er meinte, wir würden etwas finden bei Madame Maintenant in der Avenue du Maine. Die andern hatten keine Zeit. Ich, von Beruf leider oft Müßiggänger, wurde mit der Hose in die lange Avenue du Maine geschickt. Ich ging also müßig: an Kurz- und Eisenwaren, Möbel- und Gemüseläden entlang, durch einen bunten Dauerjahrmarkt von Schneiderei und Schusterei. Kommis, die im Rockaufschlag Nadeln stecken hatten wie Offiziere ihre Ehrenzeichen, sahen mich streng an, wie ich da mit der Hose überm Arm wandelte. Mädchen, die vorüberkamen, würdigten mich eines, aber nur eines Blickes. Die Hausnummer der Frau Maintenant war noch ein gutes Stück entfernt. So kaufte ich denn der alten Zeitungsfrau, die mit heller Kinderstimme »Paris-Midi« ausrief, das schlecht riechende Blatt ab und las im Gehn. Las nicht die Artikel, sondern Vermischtes. (Das liest sich schneller und gibt mehr zu denken.) Da standen zwei Geschichten aus Amerika. In der einen hatten sich in einem Stadtteil von Chicago die stehengelassenen, sozusagen weggeschmissenen Autos so gehäuft, daß Aufräumungsarbeiten notwendig wurden. In der andern wurde wieder einmal eine Unmenge Weizen in den stillen Ozean geschüttet. Davon bekam ich Hunger auf Weißbrot, ging in den nächsten Ausschank und stippte, an der Theke stehend, ein knuspriges Hörnchen in Milchkaffee. An der Ecke Rue de la Gaîté war ich einen Augenblick in Versuchung, diese Stätte abendlicher Lustbarkeiten einmal am Vormittag zu besichtigen. Aber ich widerstand, ging weiter meiner Aufgabe nach und fand kurz vorm Viadukt der Eisenbahn den kleinen Laden der Madame Maintenant. »Frau Jetzt«, dachte ich. »Mrs. Now«, »Signora Ora«. Empfangen wurde ich von Monsieur Maintenant. Der freundliche Mann schleppte ein Dutzend Flickenballen herbei, und während er die, versunken wie ein Bibliophile, durchblätterte, war bald auch »Frau Jetzt« zugegen, eine Matrone von milder Üppigkeit, bei deren Anblick ich mich für die Übersetzung »Frau Gegenwart« entschied. Frau Gegenwart sah der Tätigkeit ihres Gatten ehelich teilnehmend zu und betrachtete dann die Flicken, die er aus den Ballen abnadelte, genauer neben der geschädigten Hose. Das eine Stück war zu »mauve«, das andre zu braun, das dritte in der Zeichnung zu verschieden. Schließlich fand sich aus der engeren Wahl ein Fetzen, der in Farbe und Dessin der Hose annähernd glich. Er war aber leider zu winzig für den Umfang des Schadens. Da stieg mit Einverständnis seiner Ehefrau Monsieur Maintenant mit dem Wahlfetzen in den Keller hinunter, nachzusehen, ob sich unter den Stapeln da unten vielleicht etwas Brauchbares fände. Er zweifelte daran, wollte aber nichts unversucht lassen. Nach längerer Zeit – ich hatte mich inzwischen mit der Frau Gegenwart über Kinder unterhalten und aus ihrem Munde wieder einmal den Pariser Grundsatz vernommen: »Il faut amuser les enfants« (Kinder muß man unterhalten) –, nach längerer Zeit kam Monsieur mit dem Wahlfetzen und ein paar größeren Flicken in der Hand kopfschüttelnd zurück. Mit schlechtem Gewissen zeigte ich auf einen der Flicken und meinte, der würde doch zur Not passen. Aber damit waren Herr und Frau Gegenwart nicht einverstanden. Ich entschuldigte mich, daß ich sie wegen einer solchen Lappalie so lange aufhielt. Aber bitte, war die Antwort, wir hätten Ihnen gern geholfen. Und dann meinte Frau Gegenwart, ich würde vielleicht in der Rue Vieille du Temple etwas Passendes finden oder auf der Rückseite des Montmartre in einer der Straßen, die nach Saint-Ouen absteigen oder... Und sie beschrieb mir die Lage mehrerer Konkurrenzläden schön und ausführlich.

Aber leider mußte ich schon in den nächsten Tagen fort von Paris, fort aus dem fruchtbaren Müßiggang in eine sterile Tätigkeit, fort von den Kleinbürgern an der Seine, die nichts wegwerfen, die sparen und bewahren und alle alten Flicken des alten Europa aufheben. Ob sie recht daran tun, das kann ich nicht entscheiden, würde mich aber freuen, wenn Monsieur und Madame Maintenant gute Geschäfte machen und bald so viel beisammen haben, daß sie ein Häuschen in der Ile de France beziehen und ihre Kaninchen mit dem Kohl des eignen Gartens füttern können.

Hôtel Drouot

Auf dem Korb voll halbzerbrochenen Geschirrs liegen zwei Fächer. Eine Greisin, die in der ersten Reihe des Auktionspublikums sitzt, packt den einen und fächelt ihre Runzeln Probe. Angegraute Vorhänge quellen aus der Kiste, die der Diener heranrückt. Aus der bauchigen Tasche der strengen Händlerin knistern ihnen schon die schmutzblauen Scheine entgegen, eh noch der Hammer des Taxators aufgeschlagen hat. Sein Gehilfe holt auf einen Wink die große Puppe, die auf den Küchenmöbeln hockt, her. Er nimmt sie um den Leib und zieht ihr den Porzellankopf mit dem spitzzulaufenden Halse aus dem Rumpf; nach rechts reicht er den Kopf, nach links den Rumpf. Burschen schauen unter die steilabstehenden Puppenröcke. Der Saal wird voller. Du müßtest aufs Podest steigen, um noch etwas zu sehen. Aber von einem Schub Fachleute, die hier nicht mehr bieten wollen, wirst du auf den Flur gedrängt. Auf einem Anschlag in fetten Buchstaben: Racoleurs. Was ist das? Der Text darunter erklärt: »Es ist ebenfalls verboten jeden Akt der racolage, bestehend in Handelsangeboten an Personen, die zur Versteigerung gekommen sind, und in Versuchen, sie von dem öffentlichen Verkauf zu entfernen, um sie in Privatgeschäfte zu führen.«

Ankündigung neben der Tür zum nächsten Saal: Kanapees, Fauteuils, Schränke, Truhen, Bibliothek, Kommoden, Sekretäre, Eckschränke, Gueridons, ferner Bohrer, Feilen, Schrauben, Drehbänke, Pressen, kleine Guillotine (– was mag das sein? Ein Zigarrenabschneider? –), Pfriemen, Prägstempel, Eichmasse, elektrische Motoren. Im Saal sind viel Mützenmänner, manche stehen hoch auf den Holzstufen, manche auf Kisten neben Strohkorb und Ölkanne. Zwei halten sich rechts und links an den Eckwülsten eines Sofas fest, andere an den Querstangen, deren Reihen bis zur Decke reichen. Ein großer Besitz soll hier losgeschlagen werden, sowohl die Zimmer-, wie die Fabrikeinrichtung. Die da oben, die wie Techniker aussehen, werden noch eine gute Weile warten müssen, ehe das, was sie angeht, drankommt. Denn die »Ordre de vacation«, welche die Reihenfolge der Versteigerung anzeigt, beginnt mit den Nummern des Haushalts. Der interessiert die Dame in hochgeschlossenem Kleid. Sie ist noch immer in Halbtrauer um den längst verstorbenen Gatten und begleitet von ihrer Tochter oder künftigen Schwiegertochter, der sie Einrichtung aussucht. »Wird Jacques das lieben? Es nimmt nicht viel Platz weg«, meint sie, als ein Eckschrank versteigert wird. Das junge Mädchen kümmert sich mehr um Silberschüsseln. So wandert der alte Besitz, der einmal Tagesgeschmack war, von Verarmenden oder Gestorbenen zu den zu Geld Gelangten, die noch keinen neuen Geschmack haben. Die Dinge wollen nicht mehr an ihren alten Stätten bleiben. Mit ihnen gehen die kleinen Hausgötter, die Penaten, fort. Werden sie sich neu ansiedeln können? Sterben sie nicht auf dem Weg zum Auktionshaus? Jetzt werden Feuerschirm und Feuerzangen eines Kamins ausgeboten. Die beachtet die Witwe und Brautmutter nicht. Ihr Kind wird in eine Wohnung mit Zentralheizung ziehen. Und sind dort noch Kamine, so wird kein Feuer angefacht werden. Vielleicht wird es nur eines der falschen, elektrisch erleuchteten Kohlenfeuer geben. Die Laren sind auch fort aus dem kommenden Heim. Einmal, als das Kind des früheren Bewohners dort auf dem Rost mit Wolle, Strohhalm und Streichholz Feuer spielte, hat noch etwas geraschelt, das mehr war als Flammenzucken. Aber dann hat man das Kind fortgerissen und die Klappe zugemacht. Die Laren sind aufgeflogen. Es ist ja auch kein Staub mehr in den neuen Häusern, in dem sie siedeln könnten. Staubsauger strecken ihre Schläuche durch die Fenster oder kommen treppauf in der Hand der Hausmeisterin.

Geh den Frauen nach, die sich jetzt entfernen. Sie durchqueren den Saal gegenüber, in dem heute keine Versteigerung stattfindet. Was da herumsteht und -hängt, wartet wie – Untersuchungsgefangene. Alle Dinge hier haben das gleiche Los, ob sie nun Kunst- oder Gebrauchsgegenstände seien. Die Ankündigungen unterscheiden zwischen »bronces d'art« und »bronces d'ameublement«, zwischen »objets divers« und »objets de vitrine«, aber Gefangene werden einander ähnlich. Da sind eine Reihe farbiger Stiche, die das Leben der Esther darstellen. Auf dem einen wird immer noch, so stockfleckig sie ist, die schöne Königin für Ahasverus gesalbt und gebadet zwischen umgestülpten Louis XV-Stühlen. Bettgestell und Standuhr unter Lüstern, Wandleuchtern und hängenden Teppichen.

Nun gehen die Frauen in den nächsten Saal, wo die Spiegel mit den nachgemachten Schäfereien am Aufsatz sind, wo die traubengekränzte Bacchantin, die Automne heißt, ihr verschmitztes Marmorlächeln auf den Taxator hinabsendet. (Stand nicht so eine beiseitegerückt auf dem Spind im Schlafzimmer der Eltern und später auf einem noch höheren im Plättzimmer?) Da mögen sie Konsole, Nippestisch und Büfett wählen. Sie werden nicht so heikel sein wie der Alte dort, dem unter der Tellermütze der silberne Haarkranz sprudelt und der so mißtrauisch die Schlösser der Schränke und Truhen untersucht. Du siehst hinauf zu den beiden lustigen Mädchen, die sich aneinandergelehnt auf den Seitenstufen recken und dem Ausbieter gerade ins Gesicht lachen. Die sind hier nicht am Platze, hier wird nicht gelacht und geflirtet. Streng sind die Gesichter der Kenner und Laien selbst, als jetzt der goldgerahmte, himbeerfarbene Sonnenuntergang hochgehoben wird. Laß die Mutter den für das Eßzimmer ihrer unglücklichen Nachfahren erstehen; komm eine Treppe höher. Da gibt es stillere Säle mit Spezialitäten und Spezialisten. In einem sitzen, über ihre Kataloge geneigt, die Briefmarkensammler. Viele von ihnen haben Alben vor sich liegen, in denen sie vergleichen, was der Auktionsdiener auf weißen Bögen an aufgeklebten Wertzeichen herumreicht. Mit sanfter

Stimme nennt der Taxator von Zeit zu Zeit eine neue Nummer des Katalogs und liest von winkenden und nickenden Köpfen die Angebote ab. Ebenso gelinde geht es in dem Saal mit den Münzen zu, etwas lebhafter in einem dritten, wo eine Sammlung von Negerplastiken versteigert wird. Da wandern Götzen und Tiere durch Kennerhände, manche steigen dabei im Preis, manche scheinen zu verlieren. Die Kenner sehen diese Holzidole kaum noch auf ihre gleich sichtbare Schönheit hin an, sie drehen die Stücke und finden innen im Holz Merkmale, die dem Laien entgehen. Als eine Harmlose angesichts eines rätselhaften Tieres »Ah! Le beau monstre!« ausruft, bekommt sie von den Nachbarn ein nachsichtiges Lächeln ab. Einen stattlichen Vierfüßer mit Schildkrötenkopf, den, kaum von seinem Katalog aufschauend, ein alter Jude weiterreicht, erwirbt ganz billig eine junge Frau. Es wird aus ihrer Hand vielleicht in die eines Kindes kommen und wieder ein heiliges Tier werden.

Für Keramik, Gravüren, Gouaches des letzten Saales bist du schon zu müde, siehst nur im Nebel über den Häuptern durch fahles Grün eines Gobelinwaldes, dessen Rand franst und spaltet, vergehende Gestalten einer anderen Welt wandeln. Aber die Anschläge im Flur liest du noch durch und erfährst, daß die Polizei verbietet, Hunde mitzubringen, zu rauchen, auf den Stühlen zu schlafen und verkehrshindernde Gegenstände abzusetzen oder auszubreiten. Du siehst im Vorbeigehen ein Kind auf tiefem Tisch gekauert unter einem umgestülpten Directoiresessel, dessen Sphinxe an den Lehnen nach oben schauen; es starrt verschlafen auf die Mutter, die ihm von weitem mit der Tasche zuwinkt. Du liest Rätselworte wie »table rognon« oder »pendule religieuse«.

Die Treppe hinunter. Fort aus dem Kehraus der alten Jahrhunderte und ihrer Zerrbilder. Selbst in der Tür zum W. C. steht noch auf einer Kommode eine beiseitegeräumte Chinavase, lehnt noch eine Gravüre. Du stehst auf der

Straße. Ein Heer von Autos wartet hier und in den einmündenden Nebenstraßen, dazwischen altväterische Pferdegespanne und Lastkarren. Vor den Läden stapeln sich Tische, Stühle, Classeurs. Inschriften fordern dich auf, die Gelegenheiten eine Treppe höher zu besichtigen. Beim Dammüberqueren wird ein Zettel gereicht: Kabinett des Dr. ... Wenn Sie den geringsten Hautriß an sich entdecken, konsultieren Sie uns!... Du kommst vor den großen Laden »Zur harten Eiche«. Mitten unter modernen Möbeln liegt auf einem Tischchen ein Lederband aufgeschlagen: ›Traité de la communion‹. Unter den Schrecken des 19. Jahrhunderts bedrängen dich besonders zwei Gestelle mit Kleiderriegel und Glasscheibe, die den Rücken einer halbnackt sinnenden Maurin spiegelt, welche auf dem Brett darunter festgemacht ist. Die Gestalt vor dem Nachbargestell heißt »Rebecca« und ist »à démonter«. Zwei Amoretten aus Terrakotta ringen und schauen dabei auf eine Art Brötchen zu ihren Füßen. Das nennt sich: »Kampf um das Herz«. Ein Torbogen, im Hintergrund ein alter Palast: Justice de Paix. Die Fenster des oberen Stockwerks sind erleuchtet. Schlecht gekleidete Leute kommen unten aus dem ehrwürdigen Gebäude. Die Mauer des Hofganges, der zu dem Palast führt, ist voller Anschläge, die Verkäufe auf Grund von Pfändung und Bankrott und alle Arten der Versteigerung anzeigen. Du treibst bis an die Ecke des Boulevards. Neben dem Zeitungsstand, wo über seitliche lockere Magazine ein roter Zettel läuft: »De la folie pure«, bekommst du einen Pappkneifer zugesteckt: »Der König der Kneifer, der nie von der Nase fällt. Haus gegründet 1876«. Und nun stehst du am Eingang zum kleinen Kasino. Du könntest noch ins Apéritifkonzert gehen und die Künstler sehen und hören, deren Photos hier von der Wand schauen, die Hochschmachtende, den dreieckig Grinsenden, den Clown mit zu kleinem Hut und zu breiter Krawatte, die verbissene Realistin mit den Händen in den Taschen des Jackenkleides. Drüben wandert Reklameschrift durchs Dach. Aus Überhelle schaust du zurück in die dunkelnde Straße, wo schon fern das Haus der Ausverkäufe breit und still lagert.

In der Avenue des Champs-Elysées zwischen neuen Hotels mit angelsächsischen Namen wurden vor kurzem Arkaden eröffnet, und die neueste Pariser Passage tat sich auf. Zu ihrer Einweihung blies ein Monstreorchester in Uniform vor Blumenparterres und Springbrunnen. Man staute sich stöhnend über Sandsteinschwellen an Spiegelscheiben entlang, sah künstlichen Regen auf kupferne Eingeweide neuester Autos fallen, zum Beweis der Güte des Materials, sah Räder in Öl sich schwingen, las auf schwarzen Plättchen in Straßchiffren Preise der Lederwaren und Grammophonplatten und gestickten Kimonos. In diffusem Licht von oben glitt man über Fliesen. Während hier dem modischsten Paris ein neuer Durchgang bereitet wurde, ist eine der ältesten Passagen der Stadt verschwunden, die Passage de l'Opéra, die der Durchbruch des Boulevard Haussmann verschlungen hat. Wie dieser merkwürdige Wandelgang es bis vor kurzem tat, bewahren noch heute einige Passagen in grellem Licht und düsteren Winkeln raumgewordene Vergangenheit. Veraltende Gewerbe halten sich in diesen Binnenräumen, und die ausliegende Ware ist undeutlich oder vieldeutig. Schon die Inschriften und Schilder an den Eingangstoren (man kann ebensogut Ausgangstore sagen, denn bei diesen seltsamen Mischgebilden von Haus und Straße ist jedes Tor Eingang und Ausgang zugleich), schon die Inschriften, die sich dann innen, wo zwischen dicht behängten Kleiderständen hier und da eine Wendeltreppe ins Dunkel steigt, an Wänden wiederholen, haben etwas Rätselhaftes. »ALBERT au 83« wird ja wohl ein Friseur sein, und »Maillots de théâtre« werden Seidentrikots sein, aber diese eindringlichen Buchstaben wollen noch mehr sagen. Und wer hätte den Mut, die ausgetretne Stiege hinaufzugehn in das Schönheitsinstitut des Professeur Alfred Bitterlin. Mosaikschwellen im Stil der alten Restaurants des Palais Royal führen zu einem Dîner de Paris, sie steigen breit bis zu einer Glastür, aber es ist so unwahrscheinlich, daß dahinter wirklich ein Restaurant sein wird. Und die nächste Glastür, die ein Casino verheißt und etwas wie eine Kasse mit angeschlagenen Preisen von Plätzen sehen läßt, wird die nicht, wenn man sie aufmacht, statt in einen Theaterraum ins Dunkel führen, in einen Keller hinunter oder auf die Straße? Und auf der Kasse lagern mit einmal Strümpfe, schon wieder Strümpfe, wie drüben in der Puppenklinik und vorhin auf dem Nebentisch des Branntweinausschanks. – In den belebten Passagen der Boulevards wie in den etwas leeren der alten Rue Saint-Denis liegen in dichten Reihen Schirme und Stöcke aus: eine Phalanx farbiger Krücken. Häufig sind hygienische Institute, da tragen Gladiatoren Bauchbinden, und um weiße Mannequinbäuche schlingen sich Bandagen. In den Fenstern der Friseure sieht man die letzten Frauen mit langem Haar, sie haben reich ondulierte Massen auf, versteinerte Haartouren. Wie brüchig erscheint daneben, darüber das Mauerwerk der Wände: bröckelndes Papiermaché! ›Andenken‹ und Bibelots wollen grausig werden, lauernd lagert die Odaliske neben dem Tintenfaß, Adorantinnen in Strickhemden heben Aschbecher wie Weihwasserbecken. Eine Buchhandlung benachbart Lehrbücher der Liebe mit bunten Epinaldrucken, läßt neben den Memoiren einer Kammerzofe Napoleon durch Marengo reiten und zwischen Traumbuch und Kochbuch altenglische Bürger den breiten und den schmalen Weg des Evangeliums gehen. In den Passagen erhalten sich Formen von Kragenknöpfen, zu denen wir die entsprechenden Kragen und Hemden nicht mehr kennen. Ist ein Schusterladen Nachbar einer Confiserie, so werden seine Schnürsenkelgehänge lakritzenähnlich. Über Stempel und Letternkästen rollen Bindfäden und Seidenknäuel. Nackte Puppenrümpfe mit kahlen Köpfen warten auf Behaarung und Bekleidung. Froschgrün und korallenrot schwimmen Kämme wie in einem Aquarium, Trompeten werden zu Muscheln, Okarinen zu Schirmkrücken, in den Schalen der photographischen Dunkelkammer liegt Vogelfutter. Drei Plüschstühle mit Häkelschonern hat der Galeriewächter in seiner Loge, aber daneben ist ein ausgeleerter Laden, von dessen Inventar nur ein Schild übrig blieb, das Gebisse in Gold, in Wachs und zerbrochen ankaufen will. Hier in dem stillsten Teil des Seitenganges können Personen beider Geschlechter Personal werden, wo hinter der Scheibe eine Wohnzimmerkulisse eingerichtet ist. Auf die blaßbunte Tapete voll Bilder und Bronzebüsten fällt das Licht einer Gaslampe. Bei der liest eine alte Frau. Die ist wie seit Jahren allein. Nun wird der Gang immer leerer. Ein kleiner roter Blechschirm lockt in einen Treppenaufgang zu einer Fabrik von Schirmzwingen, eine staubige Brautschleife verspricht ein Magazin von Kokarden für Hochzeiten und Bankette. Aber man glaubt's ihr nicht mehr. Feuerleiter, Regenrinne: ich stehe im Freien. Gegenüber ist wieder etwas wie eine Passage, eine Wölbung und darin eine Sackgasse bis zu einem einfenstrigen Hôtel de Boulogne oder Bourgogne. Aber da muß ich nicht mehr hinein, ich gehe die Straße hinauf zu dem Triumphtor, das grau und glorreich Lodovico Magno erbaut ist. An den Reliefpyramiden seiner steigenden Pfeiler lagern Löwen, hängen Waffenleiber und verdämmernde Trophäen.

Mit andern fremden Völkerschaften, die hier Gastrecht genießen, ist auch ein munteres Volk überlebensgroßer Gesellen in Paris eingezogen und hat teils hoch auf Dächern zwischen den Turmhauben der Rauchfänge, teils an leeren Hauswänden Unterkunft gefunden; mit besonderer Vorliebe aber siedelt es sich auf Baulichkeiten an, die nur vorläufig errichtet werden, Abbruchgerüsten und Neubauzäunen, und macht aus den Hilfskonstruktionen menschlicher Wohnstätten Niederlassungen seines phantastischen Daseins. Wir sehen es immer wieder, das gewaltige Baby, das für seine Seife Reklame lacht, den dunklen Doktor, der uns seine helle Zahnpasta hinhält, den Kautschukverkünder in seiner Rüstung aus lauter Gummireifen, den nackten Jüngling, der aus dem Meer tauchend die Sonne seiner Zeitung anpreist, und seine Gegenspielerin, das Mädchen mit der phrygischen Mütze und dem fliegenden roten Mantel, die für ihr Blatt schreit. Ein Schneidermeister teilt mit der Riesenschere Stoffe auf, um uns besser zu bekleiden, ein Küfer bringt uns Weinflaschen geschleppt und geschwungen, ein Bär verheißt uns Zirkuskünste, ein Hahn Politik, gigantische Damen locken uns ins Theater, wo es sie in klein aus Fleisch und Blut und Seide geben soll. All das ruft und winkt und kommt auf uns zu; und so ist es, als kämen die Bauten, darauf diese Wesen wohnen, mit wuchtenden Flächen und keilförmig vorstoßenden Ecken auf uns losgestürmt, statt vornehm wegzurücken wie die alten Schlösser, Akademien und Kirchen.

Es hat vor einiger Zeit einen Zeitungsstreit, eine Enquète gegeben, ob diese Reklamen das Bild der Stadt nicht entstellen; da haben sich die echtesten Freunde des Schönen zu ihren Gunsten ausgesprochen, sie haben erkannt, wie gut dies Lästrygonengeschlecht mit den andern Bewohnern von Paris mitlebt, gar nicht menschenfresserisch, sondern wohlwollend.

Paris hat das Lebensprinzip, nichts leer zu lassen, und in den Dienst dieses Prinzips hat sich, gleichviel ob bewußt oder unbewußt, auch die Reklame gestellt. Sie singt das Lied der Stadt mit, der Bretterverschlag wird zur Stätte leuchtender Farbflecken (hier in der feuchtbunten Atmosphäre, wo jeder arme Fetzen strahlt), die Hauswand wird eine Stimme der Stadt, ein ›cri de Paris‹. Die Reklame baut mit an den Architekturen des Augenblicks, den Werken, welche die Übergangszeit lebendig erhalten, in der das alte Haus abgerissen und das neue aufgebaut wird. Die Ruine des Alten und die Bauhütte des Neuen bleibt, zum mindesten für das Auge, wohnlich. Ihm ist der Eintritt nie verboten, es bekommt immer etwas zu sehen. Was für ein unerhörtes Panorama hat den Parisern der Durchbruch des Boulevard Haussmann vorgesetzt! An Steinbrüche der Pharaonen konnte man denken, in die mit einmal eiserne Krane und stählerne Hebel der Gegenwart griffen. Täglich gab es ein neues Schlachtfeld aus Steinen, ein neues monumentales Stilleben. Die Passanten, die Zuschauer von Paris – und wie Victor Hugo gesagt hat, es sind in Paris viele schon damit zufrieden, Zuschauer von Zuschauern zu sein –, blieben vor diesem Schauspiel stehen; sie dachten nicht: Wenn's doch erst fertig, wenn doch der provisorische Zustand vorüber wäre. Nein, jeder Augenblick wäre schön, das Wirrwarr bekam eine malerische Ordnung, und gönnerhaft sahen von Zaun und Dach die Riesen der Reklame auf die werdende Welt.

Ein älterer Riese aus dauerhafterem Material, der früher ein etwas befremdendes Sonderlingsdasein führte, hat sich neuerdings mit der Reklame und dadurch in neuer Art mit Paris befreundet. Das ist der alte Eiffelturm. Er legt allabendlich einen Flimmer von Ornamenten und Riesenbuchstaben an, der von Minute zu Minute wechselt. Nun spricht er zu uns, redet uns an, winkt uns, ihn zu besuchen. Und dann stehen wir winzig unter der Spreize seiner Stahlschenkel, fahren hinauf in den Schacht seiner Stahleingeweide und bekommen in jedem Moment des Aufstiegs und bei jeder Kopfwendung immer neue Architekturen des Augenblicks von ihm aufgebaut.

»Der Zeigefinger von Paris«

So hat in einem schönen Hymnus auf die Stadt der Dichter Joseph Delteil den Turm genannt, der in diesen Tagen seinen fünfzigsten Geburtstag feiert. Am 31. März 1889 reichte der Präsident Carnot dem Architekten Gustave Eiffel die Trikolore, um sie auf die Spitze seiner Schöpfung zu pflanzen, dieses Triumphes der Technik und achten Weltwunders, mit dem die Weltausstellung jenes Jahres überrascht wurde.

Als Eiffel zwei Jahre vorher das Projekt der Verwaltung vorlegte, empörten sich viele Maßgebliche gegen dies »Monstrum«, Wissenschaftler und Künstler, darunter Männer wie Maupassant, Gounod, Sardou, Huysmans, Coppée, protestierten in einer Kundgebung, als leidenschaftliche Liebhaber der bisher unverletzten Schönheit von Paris, im Namen des verkannten französischen Geschmacks, im Namen der bedrohten französischen Kunst und Geschichte gegen die Errichtung dieses nutzlosen Scheusals von Turm, dieses hohlen Leuchters. Es wurden auch Zweifel laut an der Möglichkeit, Ausführbarkeit, Sicherheit der Eisenkonstruktion.

Aber Eiffel siegte. Und die Pariser sahen ihren jungen Riesen aufwachsen auf seinen vier Elefantenfüßen, welche in abgekürzter vierseitiger Pyramide die erste Plattform trugen, um dann als steiler werdende Pfeiler emporzusteigen zur zweiten Plattform und endlich in einer Höhe von fast zweihundert Metern zu einem Pfeiler zu verschmelzen, der oben, nahe dem dreihundertsten Meter, Laboratorium, Leuchtfeuer und eine niedliche Wohnung für Herrn Eiffel bergen sollte, in die sich dieser zu einsamer Höhenforschung zurückziehen konnte.

Im Jahre 1909 ging der Turm in den Besitz des Staates

über und ist allmählich trotz seiner absonderlichen Gestalt ein Teil von Paris geworden, ein Stück dieser Stadt, welche die fremdartigsten Dinge mit uralter Sicherheit in ihre Atmosphäre einbezieht. Manches am Eiffelturm wirkt jetzt sogar schon altertümlich: die Dekorationen und Malereien an und in den Baulichkeiten der unteren Plattform und der Glassalon der oberen. Ganz Gegenwart und Jetztzeit wurde dieser Roland von Paris in der Zeit vor etwa zehn Jahren, als er abends zu Reklamezwecken ein Flimmerwerk von Ornamenten und Riesenbuchstaben anlegte, das von Minute zu Minute wechselte. Und in der Ausstellung des Jahres 1937 behauptete er sich als abschließender und beherrschender Wartturm über den Pavillons aller Nationen.

Immer hat er die Phantasie der Besucher angeregt und aufgereizt, wenn sie hinauffuhren in den Schacht seiner stählernen Eingeweide und sich vor ihren Augen immer neue eiserne Spinngewebe verflochten, bis sie oben angelangt über die tausend Dächer der Stadt hinweg in die dunstigen schimmernden Weiten der Ile de France schauen konnten. Kletterkünstler sind an seinen Stahlbeinen emporgeklommen. Lebensmüde haben sich von seiner Höhe hinabgestürzt, um an seinem Panzer zu zerschellen, ehe sie den Boden erreichten. Der Wissenschaft diente und dient er mit seinen Laboratorien für Astronomie, Physik und Meteorologie, mit seinen Projektoren und Meßapparaten, die Weltereignisse sammelt er in seiner Großfunkstelle; für die Kinder aber ist er das große Wunderspielzeug aus Gottes Stahlbaukasten. Und so als ein Riesenspielzeug erscheint er auch uns immer wieder, wenn er uns auf einem Wege durch Vorstadtstraßen bei einem Durchblick mit einmal überrascht, dieser Brückenpfeiler ohne Brücke, dieser Zwitter aus Pyramide und Stecknadel.

Hier tanzt man noch

In zwei Stunden geht ihr Zug nach Boulogne. Und heute abend ist sie auf hoher See. Todtraurig müßten wir eigentlich sein. Denn es ist ihre letzte Nacht in Paris. Ihre Zeit hier war nur eine Frist. Vor einer Woche war sie noch in ihrer, in unserer verlorenen Heimat. Und von ihren Tagen hier hat sie viele Stunden auf der Präfektur und an andern Stätten, wo man lange wartend Zeit und Zettel ausfüllt, verbracht. Und beim Sitzen und Warten ist sie manchmal ein wenig eingeschlafen. Denn sonst ist sie nicht viel zum Schlafen gekommen in diesen schönen Frühlingstagen und -nächten. Und heut, ihre, unsere letzte Nacht, haben wir überhaupt nicht geschlafen. Mit uns wacht die Stadt. Denn es ist vierzehnter Juli…

Auf hundert Plätzen hat sie getanzt mit mir und mit allen. »Ici on danse« – die Inschrift, die einst die große Revolution an der Stelle angebracht hat, wo sie den Kerker eingerissen hatte –, »Ici on danse« lasen wir auf dem Bretterverschlag, über dem das Orchester der Place de la Bastille zum Tanze aufspielt. Da trocknete sie rasch die Tränen, die ihr in der Rue Sainte-Antoine über die Wangen gelaufen waren, als sie mir von ihrem Kinderspielplatz im Wilmersdorfer Stadtpark erzählte, von ihrer Bank, die nun gelb angestrichen und verfehmt ist. »Ici on danse«, rief sie und strahlte.

Ganz außer Rand und Band war sie in der Luftschaukel auf dem Boulevard Clichy. Wie die leibhaftige Freiheit sah sie aus in ihrem flatternden Haar… Aber auf der Ile Saint-Louis, auf dem Plätzchen, wo rings Dunkelheit das bißchen Licht und Dudelsackmusik bedrängte, wurde sie wieder ganz still. »Werde ich auch richtig kochen können für diese Brasilianer«, meinte sie. »Da muß man, glaube ich, das

Fleisch erst lange in Öl tun... Es ist doch ganz nah am Äquator.« Doch dann kam so ein Auvergnate oder Limousiner auf uns zu: Warum ich die jeune fille nicht tanzen mache, fragte er, zog sie ans Orchester und tanzte eine Bourrée mit ihr...

An der Porte Saint-Denis aber tanzte sie wieder mit mir, und rote, weiße und blaue Wechsellichter einer nahen Illumination wanderten über unsere Schultern und Gesichter. Tische und Stühle, zwischen denen Kellner in Papiermützen ihre Servierbretter balancierten, waren weit auf den Damm bis dicht an die Tanzenden geschoben. Da saßen die Jüngsten und Ältesten. Sie waren aus ihren Stubenecken und von ihren Fenstersitzen an das Festeslicht vorgedrungen. Sogar die grimmen Concierges, die der Pariser Cerberusse nennt, diese ewigen Schwellensiedlerinnen, hatten sich aus ihren düstern, lindwurmlangen Hausgängen bis in die Helle geschoben.

»Das klingt doch wie Waldhorn«, sagte sie später – das war, glaube ich, auf der Place de l'Estrapade –, die Musiker saßen auf einer Holzplanke, die über Tonnen lag. Das Waldhorn, das sie zu hören meinte, kam aus einem Lautsprecher, der an einer Hauswand klebte.

Beim ersten Morgenlicht sind wir in mein eigenes, schon etwas vorstädtisches Quartier gekommen. Da vor dem Ausschank, wo ich meinen Tabak und meine Briefmarken kaufe, umgaben Tische und Stühle ein freigelassenes Viereck auf dem Trottoir. Da warteten die Mädchen vom Bäkker und Schlächter auf den nächsten Tanz. Sie hatten farbige Fähnchen umgehangen und nackte Arme. Und die Frau des Besitzers der Kohlenhandlung, die zugleich Hotelbetrieb und Weinhandlung ist (wenigstens steht über der Tür »Vin, Hôtel, Charbon«), stillte neben dem Bierglas ihres Mannes ihr Jüngstes. Der Saufkumpan mit dem hängenden Gallierschnurrbart, der mir hier an der Bar einmal erklärt hat, es gebe kaum noch richtigen Kognak, er müsse es wissen, er sei mit den Hennessys verwandt, hatte sich als Privatakrobat entpuppt. Er machte zur Musik erst Salto, dann Negerstep unter Beifall und Hundegebell. Seine Schuhsohlen und Fußlappen waren der Leistung nicht gewachsen, sie lösten sich auf und schlappten seinen Hüpfern und Rutschern nach. Das störte ihn nicht. Und die Leute, die ihn sonst oft störend finden, selbst der Schankwirt, der ihn fast jeden Abend hinauswerfen muß, waren entzückt. Der Wirt winkte, als der Tanzakt aus war, den Pustenden an die Bar heran und fragte, was er ihm zu trinken anbieten könne. »Heut sind Sie aber nachsichtig mit ihm«, meinte eine Nachbarin. »Was wollen Sie?« war die Antwort. »Heut ist der Vierzehnte! Le Quatorze!«

Aber Sie, die nun fort muß, weit über das Meer, sah immer auf das Kind an der Brust der Kohlenhändlersfrau. Das machte mich ganz nachdenklich. Ich suchte ihren Blick und hätte ihr, als ich ihn endlich abfing, soviel zu sagen gehabt. Aber ausweichend kam sie mir zuvor: »Die Kinder, die vor dem Rathaus sangen, die süßen Stimmen haben wir nun doch versäumt.« Und dann wollte sie heim. Heim – das heißt, ins Hôtel. Da war gerade noch Zeit, ein wenig Toilette zu machen und das letzte in Koffer und Tasche zu tun. Und dabei bekam ich noch allerlei geschenkt. Schönes, Nutzloses, »Dinge keines Gebrauches«, wie der Dichter sagt, Amulette...

Jetzt sitzen wir dem Bahnhof gegenüber im kleinen Café. Sie ist an meiner Schulter eingenickt, sie schläft die Hälfte unserer letzten Stunde. Mir ist, als ruhe sie ein Leben lang an meiner Brust.

Aber vor uns ist immer noch Fest und Flimmer und Tanz. Spahis, Turkos, Zuaven von der Parade heut vormittag kommen vorüber, Rotmäntel, Burnusse, Turbane in Promenade und Tanz mit den Mädchen von La Chapelle und Barbès-Rochechouart. Immer noch klingt ein wenig Banjo- und Jazzmusik. Und die ersten Autobusse warten, wenn sie an die Straßenkreuzung kommen, geduldig, bis die Tanztour vorbei ist, und wälzen sich dann langsam, wohlwollend umheult, weiter. Und Sie, die nun fort muß, spricht manchmal ein paar Worte aus dem Schlaf oder Traum, kaum zu verstehen: »Vielleicht doch Schönheitspflege... Massage... ach nee...« und summend, »so ein großer Brasilianer und die kleine Handschuhmacherin...« und dann aufwachend »Ici on danse... hier, hier tanzt man noch... ach, hier tanzt man noch.«

»Es ist erstaunlich«, wunderte sich in diesen Tagen ein ahnungsloser Fremder, »daß in so vielen Theatern dasselbe Stück gegeben wird: Relâche« – bis man ihn belehrte, dies Wort bedeute: Geschlossen. Er erlebte viele ähnliche Überraschungen. Die erste gleich am Tage seiner Ankunft am Morgen des 16. Juli. Da sah er in den Straßen am Bahnhof vor den Cafés Haufen von Stühlen, die zusammengeklappt und zu Riesenstapeln aufgebaut wurden. Ein Heer von Kellnern, Abwäschern und andern Kittelmännern fegte bunte Fetzen auf, brach Gerüste von Musikkapellen ab und holte Lampions und Girlanden elektrischer Birnen von ihren Drähten herunter: Er war in den Kehraus des Nationalfestes, des viertägigen und viernächtigen Tanzes geraten.

In den Pavillons des Bois de Boulogne wollte er die »große Welt« beobachten, aber die ist nach den letzten Rennen von Auteuil und Longchamps fortgereist. Einen Schub fliehender Bürgerschaft hat er noch gerade erwischt, als er am Seinequai spazierend bei einem Brücken- und Straßenübergang seinen Weg durch eine Wagenburg kofferbepackter, menschenüberfüllter Autos versperrt fand: Er war in die Völkerwanderung zum Bahnhof Quai d'Orsay geraten.

Empfehlen wir ihm, sich mit andern Fremdlingen in eins der »Luxusautocars« zu setzen und an den Sehenswürdigkeiten, die sich auch im Sommer nicht entfernen können, entlang zu fahren, morgens für 40, nachmittags wieder für 40 Francs. Und dann abends für 150! Dafür bekommt er Paris la nuit, Paris by night, Paris bei Nacht, Parijs bij nacht, Parigi la notte usw. vorgesetzt und kann fünf Kabaretts besuchen, alle Kosten der Augen- und Gaumenweide inbegriffen! Verführerische Bilder (Jüngling in Badehose und Mädchen in noch weniger tanzend, Bals musette mit echten Apachen, die ihre »gosses« hart packen, Montparnassierinnen, die auf Tischen tanzen) locken ihn in die »Nuit de luxe«, und die deutsche Version eines Programms verheißt ihm in einem Kellerlokal unterhalb vom Sacré-Cœur »eine Truppe auserwählter Montmartrekünstler, welche heitere Gesänge, wie man sie nur auf der ›Butte‹, dem mit Recht so beliebten Herd französischen Frohsinns, findet, vorträgt.«

Merkwürdige Ausländer bekommt man jetzt zu sehen. An fremde Völkerschaften ist Paris ja gewöhnt. Doch die gehen und sitzen, gelassen wie in ihren heimischen Steppen, Wüsten und Negerkrals. Was aber jetzt auf den Terrassen der großen Cafés wie an Deck eines Vergnügungsdampfers so erwartungsvoll über die stille Straße schaut, aus welchem Asien oder Amerika kommt das her? Ein paar solcher Hinterländler sprachen mich neulich vor dem Stadtplan an einer Station der Untergrundbahn auf anglo-amerikanisch an und fragten, wie man hier nach Mainstreet käme. Mainstreet? Erst dachte ich, sie suchten die Avenue de Maine. Dann kam ich darauf, daß sie die Hauptstraße unseres Städtchens meinten. Ich zeigte ihnen auf dem Plan die Fahrstrecke zur Oper. Da herum, nahm ich an, läge die gewünschte Mainstreet von Paris. Erst als die Burschen fort waren, fiel mir ein, ich hätte sie in die Avenue des Champs-Elysées schicken sollen, die in ihren Vaterländern vermutlich als Hauptstraße und Hauptsache von Paris angesehen wird. Dort würden sie ja auch selbst heute die gewünschte Großstadtfülle finden. Vielleicht klingen dort auch von einem verlorenen Tisch her zwischen lauter Englisch, Russisch, Deutsch und Ungarisch ein paar französische Worte an ihr Ohr. Vielleicht!

Wie wunderbar still es jetzt mittags rings um die Oper ist. Es ist, als freue sich die große Stadt dieser Zeit, wo sie so leer von Menschen und so voll von sich selbst wird. Und die Stille wird noch vertieft durch die Wunderbilder auf den Plakaten der Reisebüros. Während schon wieder ein Regenschauer auf uns niederprasselt, sehen wir da an einem südlichen Strand Männlein und Weiblein nach der Strahlsonne wie nach einem Ball, den sie einander zuwerfen wollen, langen. Aus Biarritz winkt uns ein braungebranntes Geschöpf der »Air de France«. Wolkenkratzer aus Papiermaché locken in die Weltausstellung zu New York. In der Casa de Portugal sehen wir die steinernen Stickereien der Paläste von Sintra, sehen Palmen und Agaven im Parke von Bussaco und lesen unter einem Grabdenkmal den schönen Namen »Inez de Castro«. Steinrot und grasgrün schimmerndes Korsika durcheilen wir im Autocar. Im gelben Sande, der statt seiner rollt, steht unser Tourenauto still vor »Alger la blanche, Tunis la mystérieuse, Marocco aux sables brûlants«, vor den Bergen von Marakesch, vor Tempeltrümmern von Timgad. Ein paar Schritte weiter dringen wir ein in köstliche Luxuskabinen der Blue Star Line, ergehen uns auf dem Promenadendeck. Dann allerdings, vor den nächtlichen Türmen von Budapest wird uns etwas unsicher zumute, und der Aufforderung »Faites votre cure en Pologne« getrauen wir uns kaum zu folgen. Und mit der holden Maid, die uns aus dem »Weindorf Koblenz« Prosit zuruft, sind wir zur Zeit leider »schuß«, wie die Berliner Kinder sagen.

Und mit einemmal wird uns die ganze Geographie aus seliger Ferienfahrt wieder zum bitteren Auswanderungsproblem. Das wollen wir aber eine Weile vergessen und ganz genießen die schöne Pause in Paris. (Für das eventuelle Bedürfnis nach Wochenendausflug sorgen ja »Bon dimanche« und »Joyeux weekend«, die dich hundert Kilometer im Umkreis in Wälder der Ile de France und an die Ufer der Loire mit billigem Fahrschein bringen.)

Zunächst gehen wir in den Tuileriengarten, wo heute fast mehr kleine Statuen verspielter Mythologie als Menschen sind. Nur auf den niederen Bänkchen vor dem Guignol drängen sich die Kinder. Ein paar Beete weiter stehen im tropfenden Regen eine Ziege und ein Eselchen nebeneinander vor ihren Baby-Equipagen unter einer roten Wagenplane, die wärmend die Schauernden umhüllt.

Eine halbe Stunde später bei neuem Sonnenschein sind wir im großen Studenten- und Kindergarten Luxembourg. Der dehnt sich heut wie der schläfrige Schloßpark einer ehemaligen Residenzstadt. An der Gartenseite des Palais, in dem jetzt kein Senat tagt, langweilt sich ein einzelner Wachtposten. Das Palais sieht verwunschen aus und ganz unpolitisch. Und auf dem großen Wasserbecken davor, wo sonst die vielen Schiffchen der Kleinen und etwas Größeren kreuzen, steht ein einziges Fahrzeug in der Flaute. An den Fuchsiensträuchern schleicht, ganz Silhouette, ein schwarzer Jesuit entlang. Die marmornen Königinnen von Frankreich längs der Allee schauen auf einige verstreute leere Stühle. Die meisten hat die alte Sitzvermieterin an Bäume und Balustraden gelehnt. Sie hat jetzt wenig Kundschaft. Was hier sonst häkelt, Kinder wartet oder flirtet, ist meist fort. Von den Studentenzirkeln im Freien ist nur eine einzige Gruppe geblieben, um einen Brillenmann geschart, der wohl eine Art Ferienkursus hält. Niemand ist im tiefen Laubgang unter der Fontaine de Médicis. Acis und Galathea in der Grotte überm Brunnen wähnen sich ganz allein und sind mehr denn je bedroht von dem gierigen Zyklopen, der sich über den Felsvorsprung neigt. In dem Karussell, dessen Rundfahrt Rilke in so schöne Verse gebracht hat, sind nur zwei Kinder beritten unterwegs, eins auf dem weißen Elefanten Toby, eins auf dem schwarzen, seitwärts blickenden Löwen Brutus.

Wir gehen durch das südliche Tor auf die Avenue und durch schweigende Straßen zum Platz um den Löwen von Belfort. Da war bis vor wenigen Tagen etwas Jahrmarkt mit Schieß- und Würfelbuden, Lotterierädern, Ringern und Wahrsagerinnen. Was jetzt noch von Buden steht, ist geschlossen. Nur in ein paar Süßigkeitsauslagen altern Pfefferkuchen, Nougat und Berlingotbonbons. Dem einsamen Löwen ist wüstenwohl.

Unsere Straße: Wo man wohnt, erlebt man Stadtflucht, Verlassenheit, Pause besonders deutlich. Jeden Tag sind wieder eine Reihe eiserner und hölzerner Läden verriegelt. Fermeture! Clôture! Das elsässische Gasthaus vertröstet seine »charmante clientèle« auf den ersten September. Das Grammophon unserer Concierge ist das einzige tönende Instrument in dieser sonst so musikalischen Straße. Und ihr weißes Hündchen, das bisher bei seinen Ausgängen vor den Wagen ängstlich behütet wurde, spaziert gelassen und stolz über den leeren Damm, als ginge es über Land.

Nachwort

Als Franz Blei seinerzeit an der Abfassung seines literarischen Bestiariums saß, wollte ihm, obwohl sonst nie um einen originellen Vergleich verlegen, zu Franz Hessel kein passendes Pendant aus dem Tierreich einfallen. Zoologisch war dem Manne offenbar schlecht beizukommen – geographisch indes sehr wohl. Und so teilte Blei im Anhang seines Buches eine Anekdote mit, die einen ungefähren Begriff dieses sonderbar unvergleichlichen Menschen geben mochte. Hessel sei, so Blei, eines schönen Sommertages auf der Straße angetroffen worden, zum Befremden aller einen aufgespannten Schirm über dem Kopf. Befragt, was er angesichts des herrlichen Sonnenscheins damit bezwecke, soll Hessel geantwortet haben, in *Paris* regne es doch.

Seine besondere Liebe zu dieser Stadt war denn auch lange fast das einzige, was man noch von Hessel wußte. Kennern der Werke Walter Benjamins war der Name wohl auch im Zusammenhang der Übersetzung von Prousts ›Recherche‹ geläufig, die beide gemeinschaftlich in Angriff genommen, nach der Publikation zweier Teile wegen Verlagsquerelen jedoch abgebrochen hatten. Daneben mochte manchem noch im Gedächtnis geblieben sein, daß Hessel auf zahlreichen Spaziergängen durch Paris Benjamins kundiger Führer gewesen war; als »Hüter« einer »hermetischen Tradition« der Stadt war er von diesem gar bezeichnet worden. Ging man diesem Hinweis ein wenig nach, so konnte man bei Benjamin auch lesen, daß Hessel jene geheimnisvolle Tradition von Paris schließlich nach Berlin übertragen hatte; »Die Wiederkehr des Flaneurs« war Benjamins Besprechung betitelt, die er Hessels großem Buch ›Spazieren in Berlin‹ widmete.[1] Im Falle Berlins aber war Hessel für Benjamin noch mehr: nicht nur Flaneur, sondern »ein Landeskundiger, ein Bauer von

Berlin«, einer der – ähnlich wie Aragon in seinem Buch ›Paysan de Paris‹ – die Geschichte und Mythologie der Stadt an ihren unscheinbarsten Stellen zum Sprechen zu bringen vermochte: »Im Asphalt, über den er ging, weckten seine Schritte ein Echo.«[2]

Heute, da Hessels ›Pariser Romanze‹, seine große Erzählung ›Torso‹ oder jenes als »Vorschule des Journalismus« ausgegebene ›Pariser Tagebuch‹ ebenso wieder greifbar sind wie der Roman ›Heimliches Berlin‹ und das Flaneur-Buch – heute erst kann man ermessen, welch vorzüglicher Cicerone Hessel für Benjamin – und nicht nur für ihn – gewesen sein muß. In der Tat dürfte es in der deutschen Literatur der ersten Jahrhunderthälfte keinen intimeren Kenner dieser beiden konkurrierenden und so gegensätzlichen Metropolen gegeben haben als Franz Hessel.

Kein zweiter, der so lange und zu so verschiedenen Zeiten in Paris gelebt hätte, der mit den dortigen Maler- und Literatenkreisen so selbstverständlich vertraut gewesen wäre, der dem Alltag der Stadt genauere Berachtung geschenkt hätte: den Märkten, Gassen und Winkeln, den Bistros, Vergnügungsplätzen und Parks, den Gesichtern der Häuser und Menschen.

Kein zweiter aber auch, der ähnlich liebevoll »die anonymen Reize, die heimliche Seele« Berlins, »ihre Trotzalledem-Schönheit«[3] aufgespürt hätte: die wundersamen Stimmungen am Landwehrkanal, die Verträumtheit der Kinderspielplätze in den Vorstadtparks, die klar graue Atmosphäre der Straßenzüge, das versteckte Leben in Hinterhöfen und unter Hochbahnbögen.

Hessel war acht Jahre alt, als seine Eltern 1888 aus Stettin nach Berlin zogen. Die wohlhabende Kaufmanns- und Bankiersfamilie siedelte sich im Alten Westen an, jenem Viertel, dem später Hessels besondere Liebe gelten sollte. In stabilen Verhältnissen aufgewachsen, nahm das Kind die städtische Umgebung naturgemäß in aller Selbstverständlichkeit hin. Die Wohnung, die Straße, die Stadt waren das, als was sie unmittelbar erschienen. Erfahrung gewann das Kind nicht aus Betrachtung, sondern aus den Bedingungen des sozialen Lebens. Diese konnten, bei aller materiellen Sicherheit des Zuhause, mitunter recht handfest spürbar werden: Mitschüler gingen prügelnd auf einen los, da man sich, als getaufter Jude, unterstanden hatte, am christlichen Religionsunterricht teilzunehmen. Verstörendes konnte sich aber auch im Hause zutragen, wenn die alte Untermieterin, eine große Frau in knisterndem schwarzseidenem Kleid, den Jungen an der Treppe abpaßte und ihn zu sich in die Wohnung zog, um ihn dort mit schwülen Zärtlichkeiten zu bedrängen. Freiheit hingegen versprach der nahe Tiergarten, in dessen damals wild überwucherten Ausläufern Abenteuer und Spiel noch eins waren.

Später dann war dies der Ort erster romantischer Spaziergänge an der Seite eines verehrten Mädchens. Im Winter konnte man hier auf dem zugefrorenen Weiher mit der Angebeteten Schlittschuh laufen und sich dabei als Kavalier erweisen. Wenig später indes wartete der junge Hessel am Künstlerausgang eines Theaters, um einer angeschwärmten Schauspielerin mit Blumen ein Rendezvous anzutragen. Die Vergnügungsetablissements an der Friedrichstraße erkundete er im Schlepptau unternehmungslustiger Kameraden. An der Kunstgewerbeschule gab es turbulente Karnevalsfeste. Diese Orte stellten allerdings Oasen dar in einer Stadt, die noch der 33jährige Hessel ansonsten als System von »vielen geraden Straßen« beschrieb, »die nichts als die Querstraßen ihrer Querstraßen« waren.[4]

So hat er denn Berlin auch bald verlassen; nach dem Abitur am Joachimsthaler Gymnasium fing er an der Humboldt-Universität zwar noch ein Studium an[5], doch währte diese Episode nur kurz. Um die Jahrhundertwende kehrte Hessel seiner Heimatstadt und ihrem steifen Preußentum den Rükken, um in München das Leben kennenzulernen.

Das Vorhaben gelang, soweit es im damaligen München nur gelingen konnte. Schnell war Hessel mit den Schwabinger Lebensformen in ihrer ganzen Breite vertraut. Der Kreis um George und Wolfskehl duldete seine Anwesenheit sowohl bei esoterischen Lyrikrezitationen als auch bei den Inszenierungen dionysischer Feierlichkeit. Franziska von Reventlow verstrickte den unerfahrenen jungen Mann in eine menage à trois, wobei Hessel weniger die Rolle des Liebhabers als die des Financiers zufiel. Auch wenn es nicht gerade schmeichelhaft war, als »elegante Begleitdogge« der Lebegräfin zu gelten, so lernte Hessel an ihrer Seite doch das ganze Spektrum von Bällen, Atelierfesten und Tanzvergnügungen kennen, die es in München und Umgebung gab. Bald wußte er über das Leben und Treiben der verschiedenen Zirkel so gut Bescheid, daß er zuammen mit der Reventlow eine ebenso ironische wie anonyme Szenenpostille herausgeben konnte, deren handgefertigte Abzüge er nachts in die Briefkästen der bespöttelten Personen gleiten ließ.[6] Zu alle dem studierte Hessel auch ein bißchen – und unternahm ausgedehnte Reisen.

Nach Paris ist Hessel dabei erstmals im Sommer 1906 gekommen. Als Ferien- und Studienaufenthalt hatte er sich den Besuch gedacht, vielleicht auch als Urlaub von den Schwabinger Verhältnissen, deren Mischung aus Dauerfasching und weihevoll arkadischen Prätentionen mit der Zeit strapaziös werden konnte. Dann aber war Paris unversehens »ein Schicksal, eine Notwendigkeit« für ihn geworden. »Als ich hinkam«, schrieb Hessel später, »gedachte ich ein paar Monate zu bleiben, an Menschen und Museen, Straßen und Gärten einiges zu lernen, dann weiter zu reisen und heimzukehren zu Beruf und Alltag. Aber ich verlor die Lust, weiter zu reisen, verlernte Beruf und Alltag und blieb. Aus diesem Traume konnte ich nicht mehr auftauchen. (...) Ich war so glücklich, aus der Welt des Erfolges und der Beziehungen fort zu sein. Ich kannte ein paar Maler und Malersgenossen, meist auch Fremde, lebte als Fremder am Rande des Lebens und liebte die Stadt. Und vielleicht zum Lohne dafür, daß ich sie ohne Begehr und Anspruch liebte, schenkte sie mir die Freundschaft eines ihrer echten Kinder. (...) Da wurde der Fremde ein Gast.«[7]

Gewiß, dies sind Zeilen eines Romans, zudem aus verklärender Rückschau geschrieben. Auch war Hessel zur damaligen Zeit durchaus noch ohne Beruf und entsprechenden Alltag, konnte es sich vielmehr leisten, zusammen mit einem Freund, der ihn aus München herbegleitet hatte, in l'Isle-Adam, eine Stunde vor der Stadt, eine kleine Villa zu mieten.[8] Dennoch dürften die zitierten Sätze stimmig umschreiben, mit welcher Unausweichlichkeit sich Hessel von Paris angezogen fühlte, so daß er – das Landhaus bald gegen ein Zimmer auf Montmartre, dann gegen eine kleine Mansardenwohnung auf Montparnasse eintauschend – schließlich gute sieben Jahre blieb. Fast schwebend unbeschwert muß jene erste Pariser Zeit für ihn gewesen sein, unvergeßlich und für sein ganzes Leben prägend. Es war das Erlebnis eines ersten, gänzlich freien Blicks auf die Dinge, das diese Jahre erhellte. Unausschöpfbar vielgestaltig bot sich die Stadt dar; Geschichte und Gegenwart spielten hier geheimnisvoll ineinander, kleinstädtische Verträumtheit und bewegter Metropolenglanz lebten auf wunderbare Weise beisammen, Landschaft und Urbanität schienen in Parks, Uferquais und Hügelzügen eine glückliche Synthese eingegangen zu sein.

Den Ausgangspunkt zur Erkundung all dessen fand Hessel, wie so viele deutsche Paris-Pilger seiner Generation, im ›Café du Dôme‹ am Boulevard Montparnasse, das weniger als Café denn als Inbegriff einer Lebensart galt. Wilhelm Uhde hatte ihn dort eingeführt, und Hessel war von der bunten Schar von Bohemiens, Malern und Literaten, die sich hier gleichsam häuslich eingerichtet hatte, herzlich aufgenommen worden. Ungeteiltes Wohlwollen rief dabei auch die Tatsache hervor, daß sich dieser junge Mann als ein vermögender Bankiers-Erbe von großzügiger Wesensart erwies, und so konnte sich beispielsweise Erich Mühsam später erinnern, im Dôme habe dazumal ein »erfreulicher Geist der Solidarität« geherrscht: »Es gab Leute unter uns, die nie einen Sous hatten, der nicht der Hilfsbereitschaft Hessels, Bondys oder eines der besser Situierten entstammte.«[9] Schnell war Hessel also mit allen Stammgästen bekannt und verbunden, darunter auch mit Jules Pascin, der das Zentrum eines weiteren Kreises von Leuten bildete. Möglich, daß Hessel auf diesem Weg Henri-Pierre Roché kennenlernte, der dann, wie man weiß, der Freund seines Lebens wurde.

Roché riß ihn gleich in einen Wirbel neuer Erlebnisse und Beziehungen hinein; in wenigen Wochen machte er Hessel mit der verzweigten Welt der avantgardistischen Kunst bekannt, mit Picasso beispielsweise oder mit Marie Laurencin, mit der sie bald auch gemeinsame Diwan-Gelage feierten. Sogar eine Audienz bei Gertrude Stein konnte Roché seinem neuen Freund vermitteln oder ihm Zugang zum exklusiven Club junger französischer Autoren verschaffen, die sich jeweils dienstags in der ›Closerie des Lilas‹ trafen.

Wichtiger als all dies war beiden jedoch, Roché ebenso wie Hessel, das Leben der Straßen und Quartiere: Die ›bals musettes‹ und die zahllosen kleinen Schenken, die Tanzplätze der Arbeiterinnen und Ladenmächen oder die Welt der kleinen Dirne, die sie eines Abends am Eingang der ›Passage de l'Opera‹ aufgabelten und der sie keinen geringeren Namen als ›Existence‹ gaben.[10] So gegensätzlich sich Roché und Hessel Frauen gegenüber auch verhalten mochten, so sehr ergänzten sie sich gerade dadurch. Roché war der Mann des coup de foudre, der im Handumdrehen knisternde Situationen entstehen lassen konnte, ein Mann, der Frauen Abenteuer verhieß, auf die sie sich manchmal vielleicht im Vertrauen darauf einließen, der liebenswert ungefährliche Hessel werde allzu Abenteuerliches gegebenenfalls mit Charme und Zartheit abfedern. Und so waren es gewiß einige Frauen, die sie beide in ihrer je eigenen Art geliebt haben.[11]

Als einen Traum hat Hessel diese Jahre empfunden, einen Traum, den der Weltkrieg dann abrupt und unwiederbringlich zerstörte. Mehr als ein Dutzend Jahre sollten vergehen, ehe Hessel die Stadt seiner Jugend wiedersah, allerdings unter gänzlich veränderten Vorzeichen. Auf die europäische Katastrophe war der Zusammenbruch seiner privaten Verhältnisse gefolgt. Das väterliche Erbe, von dem er ehedem sorglos hatte leben können, war durch Krieg und Inflation zerronnen. Obwohl Hessel nie einen aufwendigen Lebensstil gepflegt hatte, ihm vielmehr Bescheidenheit seit je ein Bedürfnis gewesen war, bedeuteten die finanziellen Sorgen, die von nun an seine stetigen Begleiter blieben, eine spürbare Belastung seines Lebens, dies um so mehr, als er, mittlerweile Familienvater, für die Erziehung und das Auskommen seiner zwei Söhne zu garantieren hatte.

Die beiden Kinder waren aus der Ehe mit Helen Grund hervorgegangen, einer früheren Schülerin von Käthe Kollwitz, die Hessel im Herbst 1912 im ›Café du Dôme‹ kennengelernt und nach einem dreiviertel Jahr geheiratet hatte. Roché, der bis dahin in fast alle seine Pariser Erlebnisse mitverwoben gewesen war, hatte in dieser Beziehung erstaunlicherweise kaum eine Rolle gespielt, und so lernte dieser die Frau seines Freundes eigentlich erst richtig kennen, als er Hessel 1920 in Hohenschäftlarn bei München besuchte. Hier entwickelte sich nun jene Dreiecksgeschichte, die Jahrzehnte später durch Truffauts Film ›Jules et Jim‹ weltberühmt werden sollte. Tatsächlich scheinen die Dinge jedoch weit weniger romanhaft abgelaufen zu sein als in Rochés Filmvorlage geschildert. Hessel, in jeder Art Resignation seit langem zuhause, mochte sich wohl positiven Sinns in die ihm zugewiesene Nebenrolle fügen, der zeitweilige Wunsch seiner Frau, die Ehe formell aufzulösen, läßt aber auch auf dramatischere

Spannungen und Auseinandersetzungen schließen. Die unlängst publizierten Tagebücher Helens und Rochés beleuchten diese Differenz zwischen bekanntem Roman- bzw. Filmgeschehen und der Wirklichkeit auf höchst interessante und bewegende Weise.[12] Die Turbulenzen legten sich erst, als Hessel nach Berlin ging, um Lektor bei Rowohlt zu werden, während sich seine Frau einige Zeit später als Modejournalistin der ›Frankfurter Zeitung‹ in Paris niederließ.

Die Rückkehr nach Berlin hat Hessels Verhältnis zu seiner Heimatstadt von Grund auf verändert. Galten ihm früher die Abfahrten von Berlin als Momente besonderer Seligkeit, so fand er nun Gründe, die Stadt mehr und mehr zu lieben. Sah er aus dem Fenster des Rowohlt'schen Verlagsbüros, so fiel sein Blick auf den Landwehrkanal und die Potsdamer Brücke. Diese Aussicht scheint so etwas wie die Keimzelle von Hessels neuer Berlin-Liebe gewesen zu sein, denn in dem unscheinbaren Gewässer des Kanals erkannte er bald die »Seine von Berlin«.[13] Hier, an dieser Stelle begann er die Sichtweise des Flaneurs, die Paris ihn gelehrt hatte, auf Berlin zu übertragen.

Er tat dies im vollen Bewußtsein, daß er sich in dieser tüchtigen Stadt damit verdächtig machen würde. Denn wenn es etwas gab, was der so sichtbar aufstrebenden Preußenmetropole fremd war, dann der Müßiggang. »Hierzulande muß man müssen, sonst darf man nicht«, formulierte Hessel im ersten Kapitel seines Berlin-Buchs. »Hier geht man nicht wo, sondern wohin. Es ist nicht leicht für unsereinen.«[14] Wie sollte man einem Berliner also vermitteln, was Flanieren eigentlich sei? Daß es mitnichten darin bestand, mehr oder weniger blasiert herumzuschlendern und ab und zu ein Schaufenster zu mustern, sondern daß es – nach Hessels Verständnis – »eine Art Lektüre« bedeutete, »wobei Menschengesichter, Auslagen, Schaufenster, Caféterassen, Bahnen, Autos, Bäume zu lauter gleichberechtigten Buchstaben werden, die zusammen Worte, Sätze und Seiten eines immer neuen Buches ergeben.«[15] Und wie sollte man vermitteln, daß eine solche Lektüre, ein solches Flaneur-Buch, wenn es kritisch-raisonierend ausfiele, wiederum nur eine verkappte Spielart jenes praktisch veranlagten Nützlichkeitsdenkens darstellte? – Denn dann, ja dann hätte man sogar etwas Handfestes daraus lernen können.

Nach Hessel aber gab es zunächst etwas zu *ver*lernen: die Unrast, die Unruhe, dieses dauernd Zielstrebige. Wie kann, fragt sich Hessel, etwas in wahrhaftem Sinn zu Geschichte werden, wenn eine Stadt ständig nur von sich wegstrebt, wenn sie »immer im Begriff ist, anders zu werden und nie in ihrem Gestern ausruht?«[16] War dies ein Bekenntnis zu rückwärtsgewandter Utopie? Wohl kaum. Es war vielmehr der Wunsch, die Gegenwart nicht gänzlich dem zukunftsorientierten Machbarkeitswahn zu unterwerfen. Es war der Wunsch, die Vielfalt des geschichtlich Gewordenen überhaupt erst einmal anzusehen, sie auf sich wirken zu lassen und sie schließlich probeweise zu bejahen. »Wir wollen«, so Hessels Programmatik, »es uns zumuten, wir wollen ein wenig Müßiggang und Genuß lernen und das Ding Berlin in seinem Neben- und Durcheinander von Kostbarem und Garstigem, Solidem und Unechtem, Komischem und Respektablem so lange anschauen, liebgewinnen und schön finden, bis es schön ist.«[17] So begann Hessel also, die Stadt zu durchstreifen und nach und nach zu beschreiben.

Indes, viel Zeit fand er dazu nicht. Die Stelle bei Rowohlt erwies sich als wackelige Angelegenheit. Nicht, daß es der Verleger an Treue zu seinem Lektor und Autor hätte mangeln lassen, im Gegenteil; das Problem war einzig das Geld. Rowohlts damals noch junges Unternehmen geriet ein ums andere Mal in akute Zahlungsschwierigkeiten, insbesondere um die Jahreswende 1925/26, als auch die Schecks, die der Verlag zur Besänftigung kämpferischer Gläubiger ausstellte, keine Deckung mehr aufwiesen.[18] Unter diesen Umständen gab es keine Möglichkeit, Hessels Ende 1925 vollendeten Roman ›Heimliches Berlin‹ herauszubringen.[19] So dürfte es Rowohlt ganz recht gewesen sein, als Hessel im Februar 1926 das Angebot des Verlags Die Schmiede, zusammen mit Walter Benjamin Prousts ›Recherche‹ zu übersetzen, annahm und für zwei Jahre wieder nach Paris ging.

Die Bekanntschaft mit Benjamin datierte vom Frühjahr 1924, als Hessel für die Zeitschrift ›Vers und Prosa‹ Benjaminsche Baudelaire-Übertragungen angenommen hatte, um sie zusammen mit eigenen Übersetzungsproben zu veröffentlichen. Schnell war aus der geschäftlichen Verbindung eine persönliche Beziehung geworden, so daß Benjamin, obwohl in dieser Hinsicht außerordentlich spröde, von Hessel bald als seinem »Freund« sprach.[20] Dabei dürfte die Tatsache, eine wichtige Rolle gespielt haben, daß Hessel und Benjamin nicht nur gleiche literarische Interessen besaßen, sondern auch ein ähnliches privates Schicksal teilten: Beide waren sie mit starken, aktiven Frauen verheiratet, die als erfolgreiche Journalistinnen den neuen Frauentyp der zwanziger Jahre verkörperten und propagierten. Beider Ehe war nach konventionellen Begriffen gescheitert.[21] Während Hessel zerstörerische Auseinandersetzungen zu vermeiden gewußt und den Weg zu einer freien Partnerschaft gefunden hatte, waren bei Benjamin die Dinge noch in der Schwebe, sollten schließlich aber im Desaster enden. Und es wird dann wohl kein Zufall gewesen sein, daß Benjamin, als er im Herbst 1929 den Haushalt mit seiner Frau endgültig auflöste, erst einmal für einige Wochen zu Hessel zog.

Indes bilden diese Verwicklungen nur den Nebenaspekt einer Freundschaft, die – ähnlich wie seinerzeit zwischen Hessel und Roché – ihre Hauptanregungen aus »vielfältig konformen Reaktionen« bezog[22], insbesondere hinsichtlich der Faszination, die Berlin und Paris als die großen europäischen Metropolen auf sie ausübte. Die Gemeinsamkeit, zu der die

Proust-Übersetzung sie zusammenführte, erwies sich für beide als außerordentlich anregend und leitete spezifisch neue Entwicklungen ihres Schaffens ein.

Als Hessel Anfang April 1926 in Partis eintraf, steckte Benjamin tief in der Arbeit an ›Sodome et Gomorrhe‹, die er als alleiniger Übersetzer übernommen hatte. Der vereinbarte Abgabetermin war schon verstrichen, und da auch der übrige Zeitplan enge Fristen setzte, wird Hessel die Spaziergänge des Wiedersehens, von denen er im Tagebuch seiner ›journalistischen Vorschule‹ spricht, eher nur in Gedanken ausgeführt haben können. Statt dessen hatte er sofort mit der Übertragung von ›A l'ombre des jeunes filles en fleure‹ zu beginnen und muß darin bereits recht weit fortgeschritten gewesen sein, als Benjamin mit einstieg, denn dieser notierte in seiner Lektüreliste, er habe den Text »teils deutsch, teils französisch« gelesen.[23] Hessel scheint auch im weiteren die Hauptlast an diesem Band getragen zu haben, indem er offenbar, wie dies seine Gewohnheit beim Schreiben war, die Übersetzung direkt in die Maschine tippte, um sie anschließend mit Benjamin durchzuarbeiten und sie durch Korrekturen und verbesserndes Ausfeilen auf einen definitiven Stand zu bringen. Auf diese Vorgehensweise deutet zumindest die Tatsache hin, daß das Manuskript dem Verlag in maschinenschriftlicher Form eingereicht wurde, während Benjamins Übertragung von ›Sodome et Gomorrhe‹ als Handschrift vorlag.[24] Im Herbst 1926 war die erste Etappe des Unternehmens abgeschlossen. Benjamin kehrte nach Berlin zurück, um von dort Richtung Moskau aufzubrechen, indes Hessel nach bewährtem Muster die Rohübersetzung der ›Guermantes‹ in Angriff nahm.[25]

Allerdings war der Verlag Die Schmiede unterdessen in Finanznot geraten und mußte vom ursprünglich vereinbarten Publikationsrhythmus des Werkes Abstand nehmen. So sahen sich Benjamin und Hessel, als sie im Frühjahr 1927 für eine weitere Etappe in Paris zusammenkamen, plötzlich einer neuen Situation gegenüber: Alles schwebte im Ungewissen, und die Auszahlung der ohnehin nicht üppigen Honorare stockte. Hessel und Benjamin waren zu verstärktem journalistischen Nebenverdienst gezwungen.

Schon im Herbst zuvor hatte Hessel damit begonnen, für Stefan Großmanns Zeitschrift ›Das Tagebuch‹ Skizzen über Paris zu verfassen. Benjamin wiederum war mit dem ›Querschnitt‹ in Verbindung getreten und hatte mit der Redaktion einen Essay verabredet, dessen Thema ihn mehr und mehr zu fesseln begann: dic Pariser Passagen. Seit er Aragons ›Paysan de Paris‹ gelesen hatte – eine Lektüre, die ihm so erregend erschienen war, daß er das Buch jeweils nach wenigen Minuten vor Herzklopfen hatte weglegen müssen[26] –, erblickte Benjamin in den Passagen einen Raum, der die Entwicklung des 19. Jahrhunderts auf einzigartig konzentrierte Weise versinnbildlichte. Auch Hessel hatte sich das Thema auf seiner Liste von Stoffen und Motiven vorgemerkt, die ihm für neue Feuilletons interessant erschienen.[27] Im Gegensatz zu Benjamin kannte er die damals schon abgerissene Passage l'Opera, die Aragon als Heimstätte vergessener Mythen beschrieben hatte, noch aus eigener Vorkriegsanschauung. Und so mag der Plan entstanden sein, das gemeinschaftliche Arbeiten auf die Abfassung eines Passagen-Essays auszudehnen.

Wie bei der Proust-Übersetzung spielte Hessel auch hier den Vorreiter. Er schrieb zunächst einen eigenen Text, in welchem er eine Anzahl Notizen verarbeitete, die er sich – ähnlich wie sonst in seinen Tagebuch-Heften – auf einigen Blättern gemacht hatte.[28] Augenscheinlich berücksichtigte er dabei nicht nur eigene Beobachtungen, sondern auch Motive aus Aragons Buch. Visitenkarten zum sofortigen Mitnehmen, ein Geschäft für Stöcke und Schirme, ein anachronistischer Friseur, die Beschreibung einer Buchhandelsauslage etc. finden sich jedenfalls hier wie dort. Hessels Feuilleton bildete daraufhin die Grundlage zur Erarbeitung eines gemeinsamen Textes. Benjamin scheint Ergänzungen vorgeschlagen, Sätze variiert und den neuen Wortlaut mit Hessel diskutiert zu haben, der die beidseits akzeptierten Lösungen noch während des Gesprächs mit der Schreibmaschine festhielt. Benjamin, sichtlich immer noch nicht zufrieden, ging anschließend ein weiteres Mal über den Text und fügte nochmals zahlreiches als handschriftliche Marginalie hinzu.[29] Bei dieser Arbeit mag ihm indes zweierlei bewußt geworden sein: Zum einen, daß sich Hessels und seine eigene Schreibart, sofern sie nicht durch eine Vorlage gebunden waren, doch zu sehr unterschieden. Hessels Anliegen war es, die Eindrücke und Beobachtungen in ihrem schwebenden Eigenreiz zu belassen bzw. diesen sprachlich zur Geltung zu bringen. Benjamin hingegen war bestrebt zu deuten, historisch zu situieren, die Dinge in eine Perspektive, eine Entwicklung zu stellen. Indem er diesem Anspruch in Hessels Text mit Zusätzen und Quellentexten Rechung zu tragen versuchte, mag ihm – dies zum anderen – deutlich geworden sein, daß der Passagen-Stoff viel zu aufschlußreich und bedeutsam war, als daß er an einen unscheinbaren Zeitschriftenartikel hätte verschwendet werden dürfen. Hessel zeigte dafür offenbar Verständnis und überließ Benjamin nicht nur sein Feuilleton samt zugehöriger Notizen, sondern entsprach auch dessen Wunsch nach strikter Geheimhaltung des verheißungsvollen Themas.[30] Bei so viel Bereitschaft, Benjamin den Vortritt zu lassen, war es fast logisch, daß dessen posthumer Herausgeber Hessels Text gar nicht mehr als solchen erkannte, sondern darin den von beiden gemeinsam formulierten Essay sah.[31] Hier aber soll dem Grundsatz »Ehre, wem Ehre gebührt« Rechnung getragen und deutlich festgehalten werden: Die erste Keimzelle des ›Passagen‹-Werks stammt ausschließlich von Hessel.

Ursprung und weitere Entwicklung des ›Passagen‹-Werks sind für Hessel und Benjamin in besonderer Weise charakteristisch: Der eine nähert sich dem Thema als Flaneur, der andere als Sammler. Hessel beginnt, indem er, nach kurzer Vorbemerkung, eine Passage betritt, sie wandernden Blicks durchstreift und dann versucht, die Bewandtnis der Details, die ihm ins Auge fallen, zu erraten – um schließlich mit Ende des Textes den seltsam unwirklichen, ins Unterwasserlicht des Traums getauchten Ort zu verlassen. Benjamin dagegen stellt ein Zitat, das er einem illustrierten Paris-Führer von 1852 entnommen hat, an den Anfang[32] – damit in nuce das methodische Vorgehen andeutend, das seine Arbeit im weiteren bestimmen sollte: Sammeln und kommentierendes Anordnen historischer Textscherben. Auf diese Weise geriet er allerdings in eine Überfülle von Material hinein, die alle Bemühung um Strukturierung und definitive Auswertung letztlich zum Scheitern bringen sollte.

So unterschiedlich sich Hessels und Benjamins Herangehensweisen auswirkten, so sehr sind sie doch auch miteinander verwandt. Sammler wie Flaneur lösen durch ihre spezifische Aufmerksamkeit die Dinge aus den gewohnten Nutzungszusammenhängen heraus und entdecken dadurch Geschichts- und Phantasiedimensionen in ihnen, die sonst von praktischen Alltagsbestimmungen überlagert sind. Dabei beziehen sie das Zufällige als produktives Moment mit ein, da sich ein antiquarischer Fund, die Neubelebung eines verstummt scheinenden Textes ebenso wenig herbeiplanen läßt, wie die Eigentümlichkeit einer Stadt per Baedeker erfahrbar wäre. Konstellationen und Affinitäten finden im Vielerlei druckschriftlichen Quellenmaterials ebenso wie im Anblick einer Straße oder einer Parklandschaft immer nur unwillkürlich zu einer Physiognomie zusammen (wollen jedoch gerade deswegen von methodischem Fleiß, dem Benjamin in Übereinstimmung mit Hessel »eine magische Seite« zuschrieb[33], beschworen sein). Was einen aus dem kolportagehaften Beieinander verschiedenster Zeitschichten ansieht, bedeutet dem Flaneuer wie dem Sammler immer Abenteuer, Aufschluß und tieferes Rätsel zugleich.

Im Umgang damit scheiden sich jedoch die Geister, wie

Benjamins Kurzformel andeutet: »Flaneur optisch, Sammler taktisch.«[34] Während der Flaneur dem reinen Augenblicksreiz verhaftet bleibe, befinde sich der Sammler auf der Spur vorausgeahnter Zusammenhänge. »Man muß nämlich«, nach Benjamin, »wissen: dem Sammler ist in jedem seiner Gegenstände die Welt präsent, und zwar geordnet.«[35] Die vollständige Sammlung, das endgültige Buch, die Ordnung der Welt in Vergangenheit und Zukunft – Benjamin mag bewußt gewesen sein, daß seinem verbissenen Kampf um das ›Passagen‹-Werk gerade auch aus der Quelle solcher Vorstellungen Energie und Ausdauer zuflossen. »Vielleicht läßt sich«, resümiert er, »das verborgenste Motiv des Sammelnden so umschreiben: er nimmt den Kampf gegen die Zerstreuung auf.«[36]

Dies allerdings läuft Hessels Denken diametral entgegen. Er empfiehlt vielmehr, sich flanierend zu verirren, Spaziergänge ziellos bis zur Ermattung auszudehnen – als Einübung in Absichtslosigkeit und Selbstvergessenheit. Nur so könne sich ein »Aug in Auge auch mit den sogenannten Dingen« ergeben, erst dann lasse die Straße »ihre älteren Zeiten durchschimmern durch die Schicht der Gegenwart«.[37] Es ist diese Zwiesprache mit der Vergangenheit und den Dingen selbst, nicht ihre Deutung, um die es Hessel geht. Es ist der Genuß einer reicheren, weniger selbstverhafteten Lebendigkeit, zu der er ermuntern will. Leben und Kunst schienen ihm auf diese Weise zusammenfinden zu können, was so manchen kritikbeflissenen und etikettbedürftigen Geist dazu verleitete, Hessel als Romantiker abzusortieren.

Indes war es Hessel ohnehin klar, daß er einer unzeitgemäßen Weltanschauung das Wort redete, sah er doch selbst, wie er von der Dynamik des technischen Zeitalters »widerlegt« wurde. Denn Hessel hing einem Denken an, das Geschichte und Leben als ewiges Wechselspiel von Ereignissen ansehen wollte, als endloses Buch von Geschichten, als grenzenlosen Raum voll wiederkehrender Gegenwärtigkeiten – nicht aber als Entwicklung in eine bestimmte Richtung oder gar auf ein Ziel hin. Da dachte die neue Fortschrittszeit jedoch anders. Das Paris, welches Hessel 1926 wiedersah, hatte sich entschieden von dem fortentwickelt, was es vor dem I. Weltkrieg gewesen war. Allenthalben, nicht nur an der Passage de l'Opera, wurde niedergerissen. »Täglich gab es ein neues Schlachtfeld aus Steinen.«[38]

Was sollte ein Mann wie Hessel dazu sagen, den seine Frau später so charakterisierte: »Da war seine passionierte Liebe zu allem Bröckelnden, mit Vergangenheit Geladenem. Sein Grauen vor dem Technisch-Mechanischen. Er glaubte allen Ernstes und verteidigte diese These, daß man die Seele der Wesen und Dinge nur durch ihre Bruchstellen, durch Risse, Sprünge, Lücken und Schäden erkennen könne.«[39] Alterndes war jedoch unzweckmäßig geworden, es hatte zu verschwinden.

Oder, was sollte er dazu sagen, daß sich die Vororte nun wuchernd in die Landschaft vorfraßen, dort, wo Natur und Stadt einst träumerisch ineinander übergangenen waren. Und was sollte er schließlich sagen zur Entwicklung der erinnerungsreichsten Stätten seiner Jugend, des ›Cafés du Dôme‹ zum Beispiel, das nun »international überschwemmt« war von Leuten, die allesamt hübsch Karriere gemacht hatten, und wo nun auch »gewiß erheblich bessere Geschäfte« gediehen als vor Zeiten. »Wie dem jungen Helden des Goethischen Märchens, der das Pförtchen nicht mehr findet zu dem Garten, in dem er so viel Erbauliches erlebt hat, so geht's uns«, bekennt Hessel zu Beginn des ›Dôme‹-Feuilletons; und in der ›Vorschule des Journalismus‹ heißt es: »Eigentlich bin ich jetzt viel mehr ein Fremder, als ich es damals war.«[40]

Doch gerade dies nahm Hessel zum Anlaß, Paris ein zweites Mal für sich zu entdecken. Dabei vermerkte er die Zeichen der »Zeitverwirrung« sehr wohl[41], zu kritisieren aber war deswegen seine Sache nicht, wollte er sich doch das Leben nicht von ästhetischen oder politischen Abstrakta entwerten lassen. Vielmehr übte er sich in der Kunst des verwandelnden Blicks und suchte Schönheit und Leichtigkeit in der Melodie seiner Prosa zu bewahren. So öffnen seine Paris-Feuilletons dem »freien Volk« der Leser einen ›Garten voll Weltgeschichte‹, in dem eine Zauberhand Regie geführt hat. »Darf man«, so Hessels ›Bagatelle‹-Erwägung, »Weltgeschichte – zum Trost – als Märchen erzählen, dann sind vielleicht die Schönen aus den letzten Tagen der ›Lebenssüße‹, als die Revolution sie aus ihren grünen und marmornen Paradiesen verscheuchen wollte, rasch in Blumen und Büsche, Beete und Teiche verwandelt worden und dem freien Volke, dem nunmehr Park und Welt gehören, botanisch erhalten geblieben. Und zur Blütezeit darf es über den Rasen ganz nah an sie heran.«[42]

Das Märchen, das immer gut ausgeht, auch wenn darin Schönes und Schreckliches nebeneinander lebe, sei »wohl die Region«, in der Hessel »zuständig ist«, hat Benjamin schon in seiner Rezension von ›Teigwaren leicht gefärbt‹ vermutet.[43] Und gegenüber Hessels Frau solle er bemerkt haben: »Ja, wissen Sie denn nicht, Helen, daß Hessel ein Zauberer ist? Und ein gefährlicher dazu, dem man das Handwerk legen sollte. Er versteht zu verwandeln. Ganz im Gegensatz aber zu den Kriegssöhnen, die bei der Berührung mit dem Zauberstab zu Stein oder zu scheußlichen Ungeheuern werden, geschieht uns durch sein raffiniertes Treiben viel Schlimmeres. Wir leben *auf* in seiner Gesellschaft, wir kommen zu uns selbst, zu einem Selbst, an dem wir Entdeckerfreuden haben und so viel Interesse und Gefallen finden, wie er an uns. Und dann sitzt man da und ist in seinem Bann.«[44]

Man glaubt fast einen Seufzer aus diesen Zeilen herauszuhören: Warum einem Hessel nur so Wunderbares antun müsse. Die Ambivalenz, die aus Benjamins Worten spricht, war auch für Polgar, Wilhelm Speyer und all die anderen Bewunderer Hessels typisch; jeder zeigte sich geradezu neidvoll fasziniert von Hessels Kunst der Lebensbejahung, um im gleichen Atemzug Vorbehalte gegen sie geltend zu machen. Polgar beispielsweise bekannte, einem »unwahrscheinlicheren« Menschen als dem Philosophen und Dichter Franz Hessel« sei er »nie begegnet.«[45] Andererseits stellte er mit ironischer Verbitterung fest: »So viel Sanftmut und milde Denkungsart ist Hohn auf alle Natur und Kultur, so viel Geduld empört den Geduldigsten, und daß da einer atmet, dem die höllische Disharmonie des Lebens durchaus als Musik eingeht, muß jedem, der Ohren hat, zu leiden, rasend machen.«[46] Benjamin, seit Ende der zwanziger Jahre marxistisch denkend, formulierte sein Unbehagen als grundsätzlichen politischen Vorbehalt gegen den Flaneur: »Der Weg dessen, der sich scheut, ans Ziel zu gelangen, wird leicht ein Labyrinth zeichnen. (...) So tut es auch die Klasse, welche nicht wissen will, wo es mit ihr hinausgeht.«[47] Und Wilhelm Speyer befürchtete 1933 sogar, Hessel sei vor lauter Bejahungsfreude auch noch den Nazis auf den Leim gekrochen. In einem Brief an Benjamin vom 24. April selbigen Jahres mutmaßte er, Hessel sei wohl »von der Schönheit der nationalen Erneuerung so fasziniert«, daß er nicht mehr dazu komme, ihm zu schreiben.[48] 1940 schließlich, als Hessel im Internierungslager Les Milles alle Entbehrungen der Gefangenschaft klaglos ertrug, fragte sich der Mithäftling Lion Feuchtwanger, zwischen Erstaunen und Verärgerung schwankend, ob dieses eigenartigen Mannes »lächelnder kopfschüttelnder Gleichmut Philosophie« sei oder »Verständnislosigkeit«.[49] Hessels unverdrossene Bereitschaft, noch die kleinste gelegentliche Erleicherung des Lageralltags freudig zu begrüßen, ließ Feuchtwanger anscheinend auf letzteres tippen.

Doch war Hessel tatsächlich der liebenswert harmlose, politisch ahnungslose Mensch, für den so mancher ihn hielt? Eine anfängliche Naivität gegenüber der Bedrohung des Nationalsozialismus ist leider nicht ganz von der Hand zu weisen. Den Massenrausch der faschistischen und kommunistischen Großkundgebungen im Berliner Sportplalast als »Überschwang derselben ungebrochenen Lebenslust« zu deuten, wie Hessel dies 1929 in seinem Berlin-Buch tat[50], stellte allerdings ein eklatantes Fehlurteil dar. Und so mag auch Speyers Reaktion verständlich sein, der die Tatsache, daß Hessel im Frühjahr 1933 in Deutschland blieb, zunächst als Zeichen der Sympathie für die Nazis auffaßte. Davon konnte in Wahrheit jedoch keine Rede sein. Speyer selbst hat dies später in seinen Erinnerungen an Hessel zurechtgerückt: »Der damals empordringenden Bewegung in Deutschland stand er zunächst mit Verwunderung, Befremden, endlich aber doch mit einem aufgescheuchten Zorn gegenüber.«[51]

Warum aber zog Hessel dann Anfang 1933 ins Bayerische Viertel von Berlin, statt nach Paris ins Exil zu gehen? Warum schrieb er charmante Sätze über die Wachstumschancen seiner neuen Balkonpflanzen, statt der neuen politischen Realität ins Auge zu sehen? Konkret gefragt: Wie soll man es verstehen, daß sich Hessels Titel ›Wird er kommen?‹ auf den wilden Wein bezog – und nicht etwa auf Hitler, der in eben jenen Tagen seine Rede zum Ermächtigungsgesetz mit dem drohend-triumphalen Satz: »Spät kommt er, aber er kommt« eingeleitet hatte? Beim besten Willen: Subversiv waren Hessels Texte nicht. Teilte er etwa die Hoffnung so vieler, der Nazi-Faschismus werde sich als Gespenst erweisen und bald wieder verfliegen?

Nein, diese trügerische Hoffnung teilte Hessel wohl nicht. Vielmehr scheint er von allem Anfang davon überzeugt gewesen zu sein, daß gegen solche politischen Bewegungen kein auch nur irgendwie geartetes Schreiben etwas auszurichten vermochte. Als Ernst Rowohlt im September 1933 sein 25jähriges Verlegerjubiläum feierte, verfaßte Hessel eine kleine Festschrift und ließ sie in einigen wenigen Exemplaren drukken.[52] Es ist ein Text, der zunächst ausschließlich scherzhaft daherzukommen scheint: Hessel gibt sich als forschenden Historiker aus, der im Jahre 1987 (d.h. aus Anlaß von Rowohlts 100. Geburtstag) einige Quellen zur Frühgeschichte des Verlags publiziert. Auch wenn es die Stimmigkeit der Herausgeberfiktion erfordert, jene ferne Vergangenheit als im Dunkel liegende vorzustellen, so lassen doch die Worte, mit denen dies eingangs erläutert wird, ernstere Ahnungen durchscheinen. Hessel spricht davon, daß »infolge der großen Umwälzungen in den letzten Jahrzehnten (...) so viele Dokumente vernichtet wurden.«

Daß die Entwicklung der politischen Verhältnisse auf Zerstörung und Krieg zutrieb, mußte Hessel nicht zuletzt auch aus den Büchern schließen, die er von Rowohlt neuerdings zum Lektorieren auf den Tisch bekam. Ernst von Salomon hat diesbezüglich ein bezeichnendes Gespräch überliefert. »›Was ist denn in den alten Schulmeister gefahren?‹ fragte mich Franz Hessel. ›Er fragte mich heute: Wie sieht der Krieg von morgen aus? und als ich sagte, das wüßte ich beim besten Willen nicht, da drückte er mir ein Buch eines italienischen Generals in die Hand, das hieß so!‹ (...) Merkwürdigerweise gab Rowohlt solche Manuskripte nur immer Paul Mayer und Franz Hessel und mir die mehr literarischen. Es erschienen aber nach und nach sehr viele Bücher im Verlag, die ich viel eher bei Mittler & Sohn, dem alten und angesehenen Militärverlag vermutet hätte: ›Fliegerschwärme über den Ozean‹ von Italo Balbo, ›Der Bombenkrieg‹ von Rougeron, Bücher von Rocco Moretta, Drouet und General Fuller.«[53]

Kein Zweifel, Hessel wußte, was drohte, und so wird es keineswegs nur scherzhaft gemeint gewesen sein, daß er für seine kleine Festschrift erstmals ein Pseudonym wählte: Fürchtegott Hesekiel.

Warum aber, um nochmals danach zu fragen, blieb Hessel dann noch weitere fünf Jahre in Deutschland? Warum entschloß er sich, wohl als letzter deutscher Schriftsteller, erst kurz vor den Progromen des 9. November 1938 zum Gang ins Exil?

Zunächst dürften es wohl die persönlichen und beruflichen Bindungen gewesen sein, die ihm einstweilen noch ausreichende Sicherheit versprachen. Rowohlt hielt mit größtmöglicher Verläßlichkeit die Hand über ihn; auch war es Hessel, entgegen bisheriger Annahme, keineswegs verboten, weiter zu schreiben und zu publizieren – die ›Frankfurter Zeitung‹ brachte noch bis März 1934 namentlich gezeichnete Beiträge von ihm.[54] Auch als die Reichsschrifttumskammer die Beschäftigung jüdischer Mitarbeiter in Verlagen untersagte, gab es weiterhin Leute, die bereit waren, Hessel durch inoffizielle Aufträge über Wasser zu halten, so Eugen Claassen, der sich von ihm beim Aufbau seines neuen, mit Henry Goverts gegründeten Verlags beraten ließ.[55] Rowohlt hatte sogar vermocht, die diplomatischen Beziehungen Jules Romains dahingehend zu nutzen, daß das neue, auf 30 Bände angelegte Romanwerk dieses Freundes deutsch-französischer Annäherung Hessel zur Übertragung anvertraut wurde. Damit hatte dieser zumindest sein Auskommen, und wenn er sich unauffällig »wie ein Mäuschen im Gebälk« verhielt[56], mochte ihm vorderhand wohl nichts Gravierendes geschehen.

Im Exil hingegen hätte er sofort alle Verdienstmöglichkeiten verloren, da Übersetzungen für deutsche Verlage, mit denen er den Unterhalt seiner Paris-Aufenthalte von 1926/27 und 1929/30 hauptsächlich bestritten hatte[57], für einen Emigranten natürlich nicht mehr in Frage kamen. Gleiches hätte auch für journalistische Arbeiten gegolten, die indes auch früher schon nur einen begrenzten Nebenverdienst dargestellt hatten. Darüberhinaus mußte Hessel auf seine Frau Rücksicht nehmen, die, falls er als Exilant ausgebürgert worden wäre, ihre Korrespondenz für die ›Frankfurter Zeitung‹ gewiß ebenfalls verloren hätte. Zu diesen praktischen Erwägungen traten jedoch noch andere. Hessel, der aus einer gänzlich assimilierten jüdischen Familie stammte, der getauft war und so geringe Affinität zu seiner Herkunft zeigte, daß selbst ein Gerschom Scholem nicht mehr auf die Idee gekommen war, in ihm einen Juden zu vermuten[58] – Hessel wollte nun, wie er seinen Freunden gegenüber geäußert haben soll, »dem Schicksal der Juden nahe sein«.[59] Es war kein sentimentales, der Bedrohung entsprungenes Zugehörigkeitsbedürfnis, das sich in diesem Wunsch äußerte; es war vielmehr der Drang nach »Erkenntnis«, der Hessel dazu bestimmte, sich auf die Wurzeln seiner Herkunft zu besinnen und dem sich abzeichnenden Ungeheuren ins Gesicht zu sehen.[60] Wenn es nach ihm, der nie eine Ausnahme hatte bilden wollen, gegangen wäre, hätte er sich womöglich noch nicht einmal darum bemüht, dem Grauen zu entkommen. Noch zur Jahreswende 1937/38 reiste er für 14 Tage nach Paris, kehrte daraufhin aber wieder nach Berlin zurück.[61] Es bedurfte des geradezu nötigenden Zuredens seiner Frau, um ihn dazu zu bewegen, Deutschland am Ende doch noch zu verlassen.

»Heimkehr, letzte Heimkehr war meine Reise nach, meine Ankunft in Paris im Oktober 1938. Daß ich unbehelligt über die Grenze kam, war mein Glück und im entscheidenden Augenblick Lellas Werk.« Mit diesen Worten beginnt Hessels autobiographische Schilderung der ersten Zeit seines Exils.[62] Im Oktober 1938 hatten die deutschen Behörden die Pässe jüdischer Bürger eingezogen, um sie durch Papiere zu ersetzen, die mit dem berüchtigten ›J‹-Stempel versehen waren. Hessel scheint noch im Besitz des herkömmlichen Reisedokuments gewesen zu sein, so daß er, unterstützt durch die Ablenkungsmanöver seiner Frau, die Grenze ungehindert passieren konnte. Als die Anspannung nach und nach von ihm wich, fiel er in einen tiefen, bewegten Schlaf. Ähnlich wie seinerzeit in der ›Vorschule des Journalismus‹ beschrieben, erreichte er schlummernd die Ile de France und jene Stadt, die in seiner Jugend einem Traum geglichen und die ihm in seinen mittleren Jahren den Tagtraum des Flanierens offenbart hatte. Vermögend war er bei seinem ersten Aufenthalt in Paris gewesen; schlecht und recht hatte er sich durchbringen können, als er von Berufs wegen in den zwanziger Jahren hierher gekommen war; nicht einmal den Gegenwert von 10 Mark trug er noch in der Tasche, als er nun, alt geworden, in seine fremde Heimat zurückkehrte.[63] Zwar hatten ebenso reiche wie weitentfernte Verwandte ihm eine Beschäftigung als Bibliothekar zugesagt, doch blieb Hessels Situation nichtsdestoweniger ernst. Balder Olden erinnerte sich später, Hessel habe zu den »sehr armen Emigranten« gezählt.[64]

Eine publizistische Verdienstmöglichkeit bot einzig die ›Pariser Tageszeitung‹, das täglich erscheinende Blatt der deutschen Emigration. Die Liste der Mitarbeiter liest sich aus heutiger Sicht als Versammlung der besten Namen, die die deutsche Literatur damals kannte: Bert Brecht, Ernst Bloch, Alfred Döblin, Albert Ehrenstein, Lion Feuchtwanger, Ferdinand Hardekopf, Ödön von Horvath, Max Hermann-Neiße, Kurt Hiller, Alfred Kerr, Irmgard Keun, Egon Erwin Kisch, Else Lasker-Schüler, Heinrich, Klaus und Thomas Mann, Walter Mehring, Hans Natonek, Alfred Polgar, Joseph Roth, Ernst Toller, Friedrich Torberg, Ernst Weiß, Arnold Zweig und viele andere schrieben hier, so daß man versucht ist zu glauben, ein ähnlich hochkarätiges Blatt habe auf deutschem Boden nie existiert. Auch Beiträge von Hessel waren sofort willkommen, zumal Skizzen über Paris, das er noch immer besser kannte als die meisten anderen Emigranten, auch wenn sie nun schon mehr als fünf Jahre hier im Wartestand lebten. Und so erschienen in der ›Pariser Tageszeitung‹ vierzehn seiner Feuilletons über die Stadt, die jedoch bis heute unerkannt geblieben sind, da Hessel ein zweites Mal zu jenem 1933 gewählten Pseudonym griff. Nun aber ließ er den ironischen Vornamen weg und zeichnete, als sei er ein alttestamentarischer Prophet, nur noch mit: Hesekiel.

Vielleicht bedeutete diese Signatur gar die eigentliche Botschaft von Hessels Skizzen, waren sie doch im übrigen so beschaffen, daß selbst damals kein politisches Regime denkbar war, welches an ihrem Inhalt hätte Anstoß nehmen können.

Gründe hinter einem Übernamen vorsorglich Schutz zu suchen, bestanden mithin nicht. Es scheint demnach der Name selbst gewesen zu sein, mit dem Hessel etwas zum Ausdruck bringen wollte: Die ahnungsvolle Gewißheit, apokalyptischer Vernichtung entgegenzugehen; der biblische Hesekiel hatte im babylonischen Exil die Vision vom Volke Israel als einem unendlichen Feld von Totengebeinen geschaut.

Um so mehr geht es Hessel um die Rettung des noch verbliebenen Augenblicks. Es macht die Würde eines epikureischen Geistes aus, gerade den Abschied in seiner vollen Intensität zu erleben. Und so beschwört Hessel nochmals die ganze Märchenhaftigkeit seines Paris herauf, die Leichtigkeit des Straßenlebens, die geschichtsträchtige Vielgesichtigkeit von Häusern, Denkmälern und Parks, den Charme und Zauber einer Kleintheateraufführung.

Und dann – für Momente nur – gibt es in diesen Abschiedsfeuilletons auch Menschen, die es eilig haben, fortzukommen. In der Skizze ›Hier tanzt man noch‹ heißt es: »In zwei Stunden geht ihr Zug nach Boulogne. Und heute abend ist sie auf hoher See. Todtraurig müßten wir eigentlich sein. Denn es ist ihre letzte Nacht in Paris. Ihre Zeit hier war nur eine Frist. Vor einer Woche war sie noch in ihrer, in unserer verlorenen Heimat. Und von ihren Tagen hier hat sie viele Stunden auf der Präfektur und an anderen Stätten, wo man lange wartend Zeit und Zettel ausfüllt, verbracht.«[65] Exilanten auf der Suche nach einer sicheren Bleibe. Die gibt es – man schreibt Mitte Juli 1939 – allenfalls noch jenseits des Atlantik. In sechs Wochen wird Krieg sein. Hesekiel weiß das. Um so mehr will Hessel vom letzten Augenblick nicht lassen: »Hier, hier tanzt man noch… Ach, hier tanzt man noch.«

Bald aber sah Hessel sich selbst Paris verlassen. Der Weitsichtigkeit seiner Frau hatte er es einmal mehr zu danken, daß er, als mit dem deutschen Angriff der panikartige Massenexodus aus Paris begann, bereits in Sanary-sur-mer angelangt war. Doch auch dort blieb er vor den Folgen der Okkupation nicht verschont; die Vichy-Regierung internierte alle Ausländer, um sie gegebenenfalls den deutschen Besatzern auszuliefern. Hessel kam in die Lager Les Milles bei Marseilles und Saint Nicolas bei Nîmes. Alfred Kantorowicz berichtet, wie Hessel dort seine Mithäftlinge durch einen Plan aufzumuntern versuchte. Er habe sie überreden wollen, »während der Wartezeit mit ihm gemeinsam einen zeitgemäßen Dekamerone zu schreiben. Unter dem Titel ›Erzählungen am Lagerfeuer von Saint Nicolas‹ sollten Erlebnisse und Schicksale in unserem Jahrhundert eingefaßt werden. Ein guter Einfall«, schließt Kantorowicz, »aber ich fürchte, dem gebrechlichen Franz Hessel wird die Zeit nicht mehr bleiben, ihn auszuführen.«[66]

Diese Zeit blieb Hessel tatäschlich nicht. Ein knappes halbes Jahr nach den Entbehrungen der Lagerhaft starb Hessel am 4. Januar 1941 in Sanary-sur-mer. Alfred Polgar, einer seiner besten Freunde, dem es gelungen war, nach Amerika zu entkommen, rief ihm von dort den Satz nach: »Er war eine reine Seele und schrieb ein reines Deutsch.«[67] Selbst Vögel scheinen diese Sanftmut verspürt zu haben, erzählt doch eine der letzten biographischen Nachrichten, die wir von ihm besitzen, davon, wie einige Schwalben in ihm den späten Nachfahren seines Namensvetters aus Assisi erkannten. »Die Schwalben setzten Vertrauen in uns«, schrieb Helen Grund aus Sanary an Walter Benjamin. »Sie begannen ihre Nester in unseren Zimmern zu bauen. (...) Sie hätten Hessel im Pyjama sehen sollen, wie er zu mitternächtlicher Stunde mit einem Spazierstock ausgerüstet auf einen Stuhl stieg und selbstverständlich erfolgos versuchte, ein Schwalbenpärchen davon zu überzeugen, seinen Platz auf der Gardinenstange aufzugeben.«[68] Die Schwalben blieben und werden es gewiß gut bei ihm gehabt haben. Mögen sich auch die Sympathien der Leser, die ihm neuerlich zugeflogen sind, häuslich in seinen Büchern einrichten und zwischen den Zeilen seiner Dichtungen nisten.

Anmerkungen

1 Walter Benjamin, »Die Wiederkehr des Flaneurs«; in ders., ›Gesammelte Schriften‹, Bd. 3. Frankfurt/M.: Suhrkamp 1972, S. 194.
2 Walter Benjamin, »Berliner Kindheit um Neunzehnhundert«; in ders., ›Gesammelte Schriften‹, Bd. 4/I. Frankfurt/M.: Suhrkamp 1972, S. 238.
3 Franz Hessel, ›Vorwort‹ zu Kurt Lubasch u. Emil F. Tuchmann (Hrsg.), ›Berliner Gedichte.‹. Berlin: Privatdruck des Berliner Bibliophilen-Abend 1931, S. 6 (neu, Berlin: Rütten und Loening 1987, S. 6).
4 Franz Hessel, ›Kramladen des Glücks‹. Frankfurt/M.: Rütten & Loening 1913, S. 33 (neu, Frankfurt/M.: Suhrkamp 1983, S. 27). Ohne Quellenangabe hat Hessel dieses abschätzige Diktum in einem späteren Text ironisch zitiert, und zwar im bereits angeführten »Vorwort« zur 1931 erschienenen Anthologie ›Berliner Gedichte‹ (a.a.O., S. 6).
5 vgl. Franz Hessel, ›Spazieren in Berlin‹. Leipzig/Wien: Verlag Dr. Hans Epstein 1929, S. 259 (neu unter dem Titel »Ein Flaneur in Berlin«. Berlin: ›Das Arsenal‹ 1984, S. 241 f.).
6 i.e.›Der Schwabinger Beobachter‹. Insgesamt erschienen drei Nummern. (Im Jahr 1941 gab Rolf von Hoerschelmann auf privater Basis einen Nachdruck in 100 Exemplaren heraus.)
7 Franz Hessel, ›Pariser Romanze‹. Berlin: Rowohlt: 1920, S. 21 f. (neu, Frankfurt/M.: Suhrkamp 1985, S. 25.).
8 Vgl. Oscar A. H. Schmitz, ›Dämon Welt‹. München: Georg Müller 1926, S. 358.
9 Erich Mühsam, »Unpolitische Erinnerungen«, in ders., ›Ausgewählte Werke‹, Bd. 2. Berlin: Volk und Welt 1978, S. 582.
10 Vgl. Franz Hessel, »Existence«, in: ›Das Tagebuch‹, Nr. 38 vom 18. 9. 1926, später integriert in, Franz Hessel, »Vorschule des Journalismus«; in ders., ›Nachfeier‹. Berlin: Rowohlt 1929, S. 121–131 (neu, Berlin: »Das Arsenal« 1988, S. 68–73).
11 Genauere Hintergrundinformationen zu Hessels und Rochés verschiedenen Amouren liefert Manfred Flügge in seinem Buch ›Gesprungene Liebe. Die wahre Geschichte zu Julies et Jim‹ (Berlin: Aufbau 1993).
12 Siehe Henri-Pierre Roché, ›Carnets. Les années de Jules et Jim, première partie 1920–1921‹. Marseille: André Dimanche 1990; sowie Helen Hessel, ›Journal d'Helen. Lettres à Henri-Pierre Roché 1920–1921‹. Marseille: André Dimanche 1991.
13 Widmungsexemplar der ›Nachfeier‹ für Emil F. Tuchmann (Privatbesitz).
14 Franz Hessel, ›Spazieren in Berlin‹; a.a.O., S. 10 (neu, a.a.O. S. 9).
15 Franz Hessel, ›Spazieren in Berlin‹; a.a.O., S. 155 (neu, a.a.O. S. 145).
16 Franz Hessel, ›Spazieren in Berlin‹; a.a.O., S. 298 (neu, a.a.O. S. 275).
17 Franz Hessel, ›Spazieren in Berlin‹; a.a.O., S. 298 (neu, a.a.O. S. 275).
18 Vgl. Siegfried Jacobsohn, ›Briefe an Kurt Tucholsky 1915–1926‹. München/Hamburg: Knaus 1989, S. 391 u. S. 413 f.

19 Daß der Roman bereits zu diesem frühen Zeitpunkt abgeschlossen war, geht aus Benjamins Lektüreliste hervor, die den Titel unter Nr. 995 mit dem Zusatz »aus dem Ms.« verzeichnet. Da die unter Nr. 993 und Nr. 997 notierten Bücher in einem Brief Benjamins vom 14. 1. 1926 als gelesen erwähnt sind, ist ein verläßlicher terminus ante quem gegeben. Vgl. Walter Benjamin, ›Gesammelte Schriften‹, Bd. 7/I. Frankfurt/M.: Suhrkamp 1989, S. 457.

20 Vgl. Walter Benjamin, ›Briefe‹, Bd. 1. Frankfurt/M.: Suhrkamp 1978, S. 400. Wie tief Benjamin diese Freundschaft empfand, wird durch die Tatsache erhellt, daß Hessel zu den vier Menschen zählte, denen er einen Abschiedsbrief schrieb, als er sich im Sommer 1932 das Leben nehmen wollte. Der Brief hat sich im Teilnachlaß Walter Benjamins in der Akademie der Künste, Berlin, erhalten (Mappe 47/10).

21 Vgl. Hans Putnies u. Gary Smith, ›Benjaminiana‹. Gießen: Anabas 1991, S. 134–166. Interessant in diesem Zusammenhang auch die beiden Aufsätze von Benjamins Frau Dora Sophie Kellner: »Neben der Ehe« (in ›Die losen Blätter‹, Nr. 20 des Jgs. 1927/28) und »Im Seminar für Eheglück« (in ›Uhu‹, Nr. 9 vom Sept. 1926).

22 Walter Benjamin, ›Briefe‹, Bd. 1, a.a.O., S. 429.

23 Walter Benjamin, ›Gesammelte Schriften‹, Bd. 7/I, a.a.O., S. 458. Daß Benjamins Anteil an der Übersetzung mehr nur im Korrigieren und Ausfeilen bestand, ist auch insofern wahrscheinlich, als der Vertrag mit dem Verlag Die Schmiede Hessel als alleinigen Übersetzer nennt (siehe den von Hessel gegengezeichneten Brief des Verlags Die Schmiede an ihn vom 27. 2. 1926, Archiv des Piper Verlags, München).

24 Vgl. Reinhard Piper, ›Briefwechsel mit Autoren und Künstlern 1903–1953‹. München/Zürich: Piper 1979, S. 213–223.

25 Nach einem Brief des Verlags Die Schmiede an Hessel und Benjamin vom 24. 9. 1926 sollte die Übersetzung im Oktober 1926 begonnen und am 1. 2. 1927 abgegeben werden. Da Benjamin während dieser Zeit in Berlin und Moskau war und dort nicht übersetzte, dürfte die Aufteilung der Arbeit ähnlich ausgesehen haben wie bei ›A l'ombre des jeunes filles en fleurs‹. Dies ist um so wahrscheinlicher, als der Verlag Die Schmiede und Benjamin am 19. 10. 1926 noch eine zusätzliche Vereinbarung über die Neuübersetzung von ›Du coté de chez Swann‹ trafen, die Benjamin in den folgenden acht Monaten in alleiniger Arbeit hätte fertigstellen sollen (Briefe vom 24. 9. 1926 an Hessel und Benjamin bzw. vom 19. 10. 1926 an Benjamin; Archiv des Piper Verlags, München).

26 Vgl. Walter Benjamin ›Briefe‹, Bd. 2, a.a.O., S. 663.

27 siehe Seite 160 in diesem Band.

28 siehe Seite 162 ff. in diesem Band.

29 Walter Benjamin, »Das Passagen Werk«; in ders., ›Gesammelte Schriften‹, Bd. 5/II. Frankfurt/M.: Suhrkamp 1982, S. 1345–1347.

30 In zustimmendem Sinn notierte Hessel am 4. 7. 1929 in sein Tagebuch, daß Benjamin auf die Frage, woran er arbeite, ausweichend geantwortet

habe: »Etwas Historisches über die Zeit um ›1840‹.« Hessels Kommentar dazu: »So schützt er die Passagen vor Klatsch.« (Franz Hessel, »Tagebuchblätter 1928–1932«, in ›Juni. Magazin für Kultur & Politik‹, Nr. 1 vom März 1989, S. 41).

31 Vgl. Rolf Tiedemanns Kommentar zur Entstehung des »Passagen-Werks« (in Walter Benjamin, ›Gesammelte Schriften‹, Bd. 5/II, a.a.O., S. 1341).

32 Vgl. Walter Benjamin, »Das Passagen-Werk«; in ders., ›Gesammelte Schriften‹, Bd. 5/II, a.a.O., S. 1044, bzw. S. 1345. Diesen Paris-Führer hat Benjamin offenbar auch von Hessel erhalten, denn er kommt in dessen 1920 erschienenem Roman ›Pariser Romanze‹ bereits vor (a.a.O, S. 28; bzw. neu, a.a.O., S. 28).

33 Walter Benjamin, »Das Passagen-Werk«; in ders., ›Gesammelte Schriften‹, Bd. 4/I. Frankfurt/M: Suhrkamp 1972, S. 568.

34 Walter Benjamin, »Das Passagen-Werk«; in ders., ›Gesammelte Schriften‹, Bd. 5/I, a.a.O., S. 274.

35 Walter Benjamin, »Das Passagen-Werk«; in ders., ›Gesammelte Schriften‹, Bd. 5/II, a.a.O., S. 1027.

36 Walter Benjamin, »Das Passagen-Werk«; in ders., ›Gesammelte Schriften‹, Bd. 5/I, a.a.O., S. 279.

37 Franz Hessel, »Von der schwierigen Kunst, spazieren zu gehen«; in ›Die literarische Welt‹, Nr. 22 vom 27. 5. 1932 (erneut in ders., ›Ermunterung zum Genuß‹. Berlin: Brinkman & Bose 1980, S. 61 f.).

38 Franz Hessel, »Architekturen des Augenblicks«; in ›Das illustrierte Blatt‹, Nr. 24 vom 12. 6. 1927 (siehe S. 111 in diesem Band).

39 Helen Grund, »C'etait un brave. Eine Rede zum 10. Todestag Franz Hessel«; in Manfred Flügge (Hrsg.), ›Letzte Heimkehr nach Paris. Franz Hessel und die Seinen im Exil.‹ Berlin: Das Arsenal 1989, S. 78.

40 Franz Hessel, »Vorschule des Journalismus. Ein Pariser Tagebuch‹, in ders., ›Nachfeier‹, a.a.O., S. 100 (neu, a.a.O., S. 57).

41 Franz Hessel, »Vorschule des Journalismus. Ein Pariser Tagebuch‹, in ders., ›Nachfeier‹, a.a.O., S. 116 (neu, a.a.O., S. 65).

42 Franz Hessel, »Bagatelle« in ›Für die Frau. Beilage zur Frankfurter Zeitung‹, Nr. 12 vom 9. 12. 1929 (siehe S. 76 in diesem Band).

43 Walter Benjamin, »Franz Hessel«; in ders., ›Gesammelte Schriften‹, Bd. 3, Frankfurt/M.: Suhrkamp 1972, S. 46.

44 Helen Grund, »C'etait un brave. Eine Rede zum 10. Todestag Franz Hessels«; a.a.O, S. 74.

45 Alfred Polgar, »Der Lastträger«; in ders., ›Kleine Schriften‹, Bd. 4. Reinbek: Rowohlt 1984, S. 89.

46 Alfred Polgar, »Ein unmöglicher Mensch«; in ders., ›Kleine Schriften‹, Bd. 3. Reinbek: Rowohlt 1984, S. 64.

47 Walter Benjamin, »Das Passagen-Werk«; in ders., ›Gesammelte Schriften‹, Bd. 5/I, a.a.O., S. 427.

48 Brief von Wilhelm Speyer an Walter Benjamin, Lugano 24. 4. 1933 (Teilnachlaß Walter Benjamin, Akademie der Künste, Berlin).

49 Lion Feuchtwanger, ›Der Teufel in Frankreich. Ein Erlebnisbericht‹. München/Wien: Langen Müller 1983, S. 60.

50 Franz Hessel, ›Spazieren in Berlin‹; a.a.O., S. 286 (neu, a.a.O. S. 266).

51 Wilhelm Speyer, »Komm iß von meiner Suppe. Franz Hessels Persönlichkeit«; in Manfred Flügge (Hrsg.), ›Letzte Heimkehr nach Paris. Franz Hessel und die Seinen im Exil‹, a.a.O., S. 98.

52 ›Neue Beiträge zur Rowohlt-Forschung. Auf Grund der jüngsten Ausgrabungen mit Hilfe namhafter Gelehrter zusammengestellt von Fürchtegott Hesekiel‹. Berlin-Havelstadt 1987 (fingiert = Jahr von Rowohlts 100. Geburtstag), Privatdruck vom September 1933, 32 S.

53 Ernst von Salomon, ›Der Fragebogen‹. Reinbek: Rowohlt 1961, S. 272.

54 Der letzte bislang nachgewiesene Text ist »Wird er kommen?« (›Für die Frau. Beilage zur Frankfurter Zeitung‹, Nr. 6 vom 25. 3. 1934; vorher bereits als Privatdruck des Berliner Fontane-Abends, siehe S. 19–21 in diesem Band). Im übrigen scheint Hessel in den folgenden Jahren auch noch in Österreich Texte publiziert zu haben; hinzuweisen sei hier beispielsweise auf die Erzählung »Der Brief einer Frau«, erschienen im ›Neuen Wiener Tageblatt‹ vom 20. 10. 1936 (Nr. 289). (Der Hrsg. dankt Herrn Michael Gamper für diesen Hinweis.)

55 Vgl. Werner Leibrand, »Gedenkblatt für Franz Hessel«, in: ›Süddeutsche Zeitung‹ vom 22. 11. 1958.

56 Walter Benjamin, ›Briefe‹, Bd. 2, a.a.O., S. 782.

57 1927 übersetzte Hessel neben Proust auch noch Yvette Guilberts Erinnerungen ›Lied meines Lebens‹ (Rowohlt 1928). Während seines etwa dreivierteljährigen Aufenthaltes in Paris von der Jahreswende 1929/30 an scheinen es sogar drei Werke gewesen zu sein: ›Clemenceau spricht. Unterhaltungen mit seinem Sekretär Jean Martet‹ (zusammen mit Paul Mayer, Rowohlt 1930), Marcel Arland, ›Heilige Ordnung‹ (Rowohlt 1931) sowie Albert Cohen, ›Solal‹ zusammen mit Hans Kauders (Drei Masken Verlag 1932).

58 Vgl. Gerschom Scholem, ›Walter Benjamin – Geschichte einer Freundschaft‹. Frankfurt/M.: Suhrkamp 1975, S. 171.

59 Zitiert nach Bernd Wittes Nachwort zu Franz Hessels Roman ›Heimliches Berlin‹ (Frankfurt/M.: Suhrkamp 1982, S. 137).

60 Vgl. Franz Hessel, »Letzte Heimkehr«; in Manfred Flügge (Hrsg.), ›Letzte Heimkehr nach Paris. Franz Hessel und die Seinen im Exil‹, a.a.O., S. 24.

61 Von dieser Reise zeugt eine Karte Franz Hessels an Marianne Feilchenfeldt, Paris 17. 1. 1938 (Privatbesitz), sowie eine entsprechende Erwähnung in Hans Siemsen, ›Schriften‹, Bd. 3 (›Briefe‹). Essen: Torso Verlag 1984, S. 209.

62 Franz Hessel, »Letzte Heimkehr«, a.a.O., S. 7.

63 Vgl. Franz Hessel, »Letzte Heimkehr«, a.a.O., S. 16.

64 Balder Olden, ›Paradiese des Teufels, Biographisches und Autobiographisches. Schriften und Briefe aus dem Exil.‹ Berlin: Rütten & Loening 1977, S. 388.

65 Franz Hessel, »Hier tanzt man noch« in ›Pariser Tageszeitung‹, Nr. 1049 vom 16./17..7. 1939 (siehe S. 115–118 in diesem Band).

66 Alfred Kantorowicz, »Tagebucheintragung«; zitiert nach Manfred Flügge, »Sichtbare Vergangenheit«; in ders.: ›Letzte Heimkehr nach Paris. Franz Hessel und die Seinen im Exil‹, a.a.O., S. 166.

67 Alfred Polgar, »Der Lastträger«, a.a.O., S. 93.

68 Brief von Helen Grund an Walter Benjamin, Sanary 9. 5. 1940 (Teilnachlaß Walter Benjamin, Akademie der Künste, Berlin; Übersetzung aus dem französischen Original).

Nachweise

Rundfahrt Berlin
Erstdruck in: ›Magdeburgische Zeitung‹, Nr. 459 vom 10. 9. 1926. Dieses Feuilleton stellt gewissermaßen die Keimzelle von Hessels späterem Buch ›Spazieren in Berlin‹ dar. Der Text bildet dort – stark verändert und um ein vielfaches erweitert – das Kapitel »Rundfahrt« (vgl. ›Spazieren in Berlin‹. Leipzig/Wien: Verlag Dr. Hans Epstein 1929, S. 56–147; neu unter dem Titel ›Ein Flaneur in Berlin‹. Berlin: Das Arsenal 1984, S. 51–136).

Im alten Westen
Erstdruck in: ›Berliner Tageblatt‹, Nr. 147 (Morgenblatt) vom 27. 3. 1932.

Wird er kommen?
Erstdruck in Franz Hessel: ›Zwei Berliner Skizzen‹. Berlin: Privatdruck zum 7. Stiftungsfest des Fontane-Abends am 14. November 1933. (Später auch in ›Für die Frau. Beilage zur Frankfurter Zeitung‹, Nr. 6 vom 25. 3. 1934).

Märkische Epistel
Erstdruck in: ›Für die Frau. Beilage zur Frankfurter Zeitung‹, Nr. 8 vom 8. 5. 1932.

An die Berlinerin
Erstdruck in: ›Vogue‹, Nr. 3 vom 13. 3. 1929, S. 25.

Filmbörse
Erstdruck in Franz Hessel: ›Spazieren in Berlin. Zwei Berliner Stätten‹. Berlin: Privatdruck zum 3. Stiftungsfest des Fontane-Abends am 14. November 1929, S. 8–13; später auch in: ›Jugend‹, Nr. 15 vom April 1931, S. 226–227; sowie verändert in: »An den Frühling« (in Franz Hessel: ›Ermunterungen zum Genuß‹. Berlin: Rowohlt 1933, S. 98–104).

Das rheinische Mädchen aus Wendisch-Rietz
Erstdruck in ›Deutsche Zeitung Bohemia‹ (Prag), Nr. 157 vom 6. 7. 1929; erneut in Franz Hessel: ›Spazieren in Berlin. Zwei Berliner Stätten‹. Berlin: Privatdruck zum 3. Stiftungsfest des Fontane-Abends am 14. November 1929, S. 1–9.

Stadtsommer
Erstdruck in: ›Die literarische Welt‹, Nr. 27/28 vom 3. 7. 1931, S. 7.

Berliner Notizbuch
Erstdruck in: ›Das Tagebuch‹, Nr. 24 vom 11. 6. 1927, S. 971–972.

Frierende Tänze
Erstdruck in: ›Für die Frau. Beilage zur Frankfurter Zeitung‹, Nr. 15 vom 17. 9. 1933.

Berliner Familie 1931
Erstdruck in: ›Das illustrierte Blatt‹, Nr. 43 vom Oktober 1931, S. 1129–1130.

Herberge und Heimat
Erstdruck in: ›Atlantis‹, Nr. 12 vom Dezember 1930, S. 705–717.

Persönliches über Sphinxe
Erstdruck in ›Berliner Tageblatt‹, Nr. 274 vom 14. 6. 1933; erneut in Franz Hessel: ›Zwei Berliner Skizzen‹. Berlin: Privatdruck zum 7. Stiftungsfest des Fontane-Abends am 14. November 1933.

Pariser Hotel
Unter dem Pseudonym »Hesekiel« in: ›Pariser Tageszeitung‹, Nr. 1020 vom 11./12. 6. 1939. Der Text stellt eine überarbeitete Version des Erstdrucks dar, der im ›Tagebuch‹, Nr. 23 vom 4. 6. 1927, S. 912 f. erschienen war. Außerdem hatte Hessel den Text, in nochmals veränderter Fassung, auch in seine »Vorschule des Journalismus. Ein Pariser Tagebuch« integriert; vgl. ›Nachfeier‹. Berlin: Rowohlt 1929, S. 106–112 (neu, Berlin: Das Arsenal 1988, S. 60–63).

Das alte Dôme

Unter dem Pseudonym »Hesekiel« in: ›Pariser Tageszeitung‹, Nr. 882 vom 2. 1. 1939. Der Erstdruck des Textes erschien unter dem Titel »Der Dôme und das Schicksal« in: ›Die Kunstauktion‹, Nr. 30 vom 9. 12. 1928. Darin findet sich ein kurzer Abschnitt, den Hessel im Zweitdruck wegließ. Nach dem Satz: »Und dennoch führten wir ein bemerkenswertes Leben« heißt es dort: »Rudolf Levy, der bekanntlich im Nebenamt Poet ist, hat unser aller Dasein in deutschen und französischen Heldengedichten verewigt: Artavals Taten, des wackeren Mystikers und Erotikers, der leider uns und diese schöne Welt nun schon verlassen hat, und die des großen Sachsen Howard, der Ansprüche auf den englischen Königsthron erhob. Und jener berühmte Roman in Fortsetzungen, die unerhörte Detektivgeschichte von Bondys Ermordung, bei welcher unsere Freunde Vrieslander und Werth so schlimmer und so gutdargestellter Verdacht traf, daß die Betroffenen opponierten.«

Pariser Saturnalien

Erstdruck in: ›Magdeburgische Zeitung‹, Nr. 66 vom 6. 2. 1927 (Beilage »Vom Ridotto bis Moulin Rouge«).

Das Lederetui

Unter dem Pseudonym »Hesekiel« in: ›Pariser Tageszeitung‹, Nr. 1044 vom 9./10. 7. 1939. Bislang kein früherer Abdruck nachgewiesen.

Bagatelle

Unter dem Pseudonym »Hesekiel« in: ›Pariser Tageszeitung‹, Nr. 984 vom 30.4./1. 5. 1939; veränderte Version des Erstdrucks, erschienen in: ›Für die Frau. Beilage zur Frankfurter Zeitung‹, Nr. 12 vom 9. 12. 1929.

Ein Garten voll Weltgeschichte

Unter dem Pseudonym »Hesekiel« in: ›Pariser Tageszeitung‹, Nr. 1002 vom 21./22. 5. 1939; leicht veränderte Fassung des Erstdrucks, erschienen in: ›Die literarische Welt‹, Nr. 40 vom 3. 10. 1930, S. 3 f.

Rue Mouffetard
Unter dem Pseudonym »Hesekiel« in: ›Pariser Tageszeitung‹, Nr. 954 vom 26./27. 1939; leicht veränderte Fassung des Erstdrucks, erschienen unter dem Titel »Aus alten Pariser Gassen. Mouffetard«, in: ›Die literarische Welt‹, Nr. 48 vom 28. 11. 1930, S. 4.

Bannmeile von Paris
Erstdruck in: ›Die literarische Welt‹, Nr. 5 vom 1. 2. 1929; eine überarbeitete und in drei Teile getrennte Version des Textes wurde von Hessel in die »Vorschule des Journalismus. Ein Pariser Tagebuch« integriert; vgl. ›Nachfeier‹. Berlin: Rowohlt 1929, S. 130, 131 u. 168–176 (neu, Berlin: Das Arsenal 1988, S. 73, 74 u. 93–98).

Der Hosenboden
Unter dem Pseudonym »Hesekiel« in: ›Pariser Tageszeitung‹, Nr. 884 vom 4. 1. 1939. Dem ersten Satz zufolge, in dem Hessel von seinem elfjährigen Sohn spricht, muß der Text um 1926/27 entstanden sein (Hessels Sohn Ulrich war damals in diesem Alter). Ein Erstdruck aus jener Zeit war bislang jedoch nicht nachzuweisen.

Hôtel Drouot
Erstdruck unter dem Titel »Verwaiste Gegenstände« in: ›Münchner Illustrierte Presse‹, Nr. 50 vom 15. 12. 1929, S. 1772–1774. Unter dem Pseudonym »Hesekiel« erneut in: ›Pariser Tageszeitung‹, Nr. 890 vom 11. 1. 1939.

Pariser Passagen
Typoskript im Teilnachlaß Walter Benjamin, Th. W. Adorno-Archiv, Frankfurt/Main, Inv.-Nrn.: Ts 2756–2760, 5 Seiten, mit Titel und verschiedenen Korrekturen von Hessels Hand.

In der Annahme, es handle sich um einen von Benjamin und Hessel gemeinsam verfaßten Text, wurde der Aufsatz samt einiger zugehöriger Notizblätter von Rolf Tiedemann im Rahmen des Benjaminsch'schen »Passagen-Werks« publiziert (vgl. Walter Benjamin, ›Gesammelte Schriften‹, Bd. 5/II. Frankfurt/M.: Suhrkamp 1982, S. 1041–1043 bzw. S. 1341–1347). Dem Herausgeber unterlief dabei jedoch eine Fehldeutung des Materials. Da es sich bei dieser ersten Keimzelle des »Passagen-Werks« um einen Text von besonderer Bedeutung handelt und das Manuskript-Konvolut zudem interessante Einblicke in Hessels Arbeitsweise vermittelt, soll es hier ausführlicher dokumentiert und erläutert werden.

Erhalten haben sich insgesamt 23 Blätter, die alle, wie Tiedemann richtig bemerkt, auf Hessels charakteristischer Schreibmaschine mit kursiver Type geschrieben wurden. Auf fünf dieser Blätter findet sich der ausformulierte Text ›Pariser Passagen‹, während die restlichen 18 mit Notizen bzw. nicht definitiv bereinigten Texten angefüllt sind. Nach Tiedemanns Einschätzung enthalten sie »Stichworte und erste tastende Formulierungsversuche (...), die wahrscheinlich von Benjamin und Hessel gemeinsam verfaßt wurden« (a.a.O., S. 1341). Genauer besehen, handelt es sich jedoch nicht durchwegs um »Paralipomena« zu dem geplanten Hessel-Benjamin'schen Gemeinschaftartikel, sondern um Material aus verschiedenen Zusammenhängen. Zu differenzieren sind drei Gruppen:

1) Drei Blätter, auf denen Hessel Ideen und Stichworte zu möglichen Paris-Feuilletons festhielt (Ts 2771–2773).
2) Vier Blätter mit Beobachtungen und Notizen zum Thema »Pariser Passagen«, paginiert mit den Ziffern 5 bis 8 (Ts 2766–2770). Die verschiedenen handschriftlichen Zusätze und Korrekturen stammen – wie in der vorigen Gruppe – ausschließlich von Hessel.
3) Sechs Blätter mit einem fortlaufenden Text über die Pariser Passagen, der von Hessel geringfügig handschriftlich korrigiert, von Benjamin jedoch mit zahlreichen Marginalien versehen wurde; Paginierung 1, 1a bis 5 (Ts 2761–2767).

ad1)
Die Blätter Ts 2771–2773 enthalten folgenden Text (eckige Klammern [] bezeichnen Gestrichenes):
Ts 2771:

Vexierbilder der frz. Revolution oder Sichtbare Weltgeschichte (Paris der Römer, Mittelalter, Ancien régime, Revolution etc.), Balzacstraßen und Winkel. (Sue, Hugo etc.)
1 Mai auf der butte rouge
Neue und alte Katakomben, Métro, Kellerlokale, Antikes.
Straßenhandel
Ghetto

Die Straße der Zeitungsdruckereien
Verlorene Tiere (La Fourrière)
Les abattoires
Soziale Fortifikationen
[Rundgang längs entschwundener Stadtmauern (antike) Philippe Auguste, Louis XII, Fermiers généraux und die letzte jetzt im Abbruch begriffene Fortification.]
Benzin. (Der perfekte Chauffeur in Paris)
Spiegel.
Der Kamin und die ›Laterne‹
Die letzten Fiacres
Vieilles Enseignes.
Bequemlichkeiten und Schwierigkeiten (Tabak, Briefkasten, Billetts, Anschlagsäulen etc.)
Pariser über Paris.
Poule, Môme, Pierreuse, Lorette, Artiste etc.

Ts 2772:

Alpines Paris.
Lebens- und Kunstgeschichte des Eiffelturms.
Vormittags auf Montmartre.
Knigge für Mahlzeiten
Harmlose Denkmäler
Il faut amuser les enfents
Biographie einer Straße (rue Saint-Honoré, bz. Rivoli)
Jahrmarkt.
Modehäuser
Die Brücken.
Türen und Fenster.
Architekturen des Zufalls. (Plakate)
Passagen.
Hotel
Bal musette.
Der kleinste Platz von Paris.
Kirchenfenster
Die Parks von Monceau bis Buttes Chaumont.
Straße der Kunsthändler (1000 Meter bemalte Leinwand)
der Sonntag der kleinen Leute
Tee im Bois.

Amerika und Asien in Paris
Tröstliche Ratschläge für Museenbesuch.
Mittagspause der Midinetten. (Märchenmotiv.)
(Physiologie du Boîte)
Merkwürdige Entwicklungsgeschichte kleiner Restaurants. [Mit Saint-Simon, Liselotte und anderen Revenants in Versailles.]
Allerlei Rennen.

Ts 2773:

Der Sonntag der kleinen Leute.
Pariser Treppen, Fenster, Türen und Schilder.
Bals musettes der verschiedenen Viertel
Alpines Paris
Das Déjeuner der Midinetten.
Wie ein Restaurant ersten Ranges entsteht.
Apéritif, Ort, Zeit, Arten
Foire.
Wie steure ich mein Auto in Paris
Theater unter 500 Plätzen.
(Vermittler des Vergnügens)
Modentees.
Musikkneipe.
1000 Meter moderne Kunst (rue de la Boetie)
Großes und kleines Labyrinth von Paris. Katakomben und Paris.
Paris traduit.
Geheimzeitungen
Pariser Spiegel vom Bistro bis Versailles.
Kokottentypen. Pierreusen, Mômes, Poules (de luxe) Relations mondaines Lorettes, Lionnes Amie Collage Affection Artiste Artiste sérieuse
Bimbelotterie Selleries Bourelleries Quincaillerie
Choses d'autrefois und dergl. Sacre Ferme 1. N.
Spaziergang mit dem Geheimagenten.

Zu zahlreichen dieser Stichworte hat Hessel tatsächlich eigenständige Texte verfaßt. Aus »1 Mai auf der butte rouge« wurde das Feuilleton »La butte rouge und der Mai« (›8 Uhr Abendblatt‹, Nr. 109 vom 11. 5. 1927; später integriert in »Vorschule des Journalismus. Ein Pariser Tagebuch«, a.a.O., S. 148–150 bzw. neu S. 82–84); die

Notiz »Architekturen des Zufalls. (Plakate)« bildete den Ausgangspunkt für den Artikel ›Architekturen des Augenblicks‹ (siehe S. 110 ff. im vorliegenden Band). Ebenso augenscheinlich ging aus dem einzeln notierten Wort »Hotel« das Feuilleton ›Pariser Hotel‹ hervor (siehe S. 57–60), an dessen Ende auch das Motiv »Mittagspause der Midinetten« Berücksichtigung fand. Des Grundsatzes »Il faut amuser les enfents« wird wortwörtlich im Prosastück ›Der Hosenboden‹ gedacht (siehe S. 99), während die Stichworte: »Letzte jetzt im Abbruch begriffene Fortification« und »Der Sonntag der kleinen Leute« in ›Bannmeile von Paris‹ behandelt sind (vgl. S. 92–97). »Tröstliche Ratschläge für Museenbesuch« hat Hessel, ohne spezifischen Bezug auf Paris, im Aufsatz. »Allerlei Leute im Museum« erteilt (›Illustrierte Zeitung‹, Leipzig, Nr. 4373 vom Januar 1929; später verändert in ›Ermunterungen zum Genuß‹. Berlin: Rowohlt 1933, S. 150–154). Die Begriffe »Poule, Môme« schließlich stehen mit Reminiszenzen in Verbindung, die Hessel in seinem Text »Existence« erzählt (erschienen in ›Das Tagebuch‹, Nr. 38 vom 18. 9. 1926; später integriert in ›Vorschule des Journalismus. Ein Pariser Tagebuch‹, a.a.O., S. 121–131 bzw. neu, S. 68–73). Es darf demnach geschlossen werden, daß das Stichwort »Passagen« hier ebenfalls als Themenidee für ein Feuilleton figuriert, die sich Hessel, zunächst unabhängig von Benjamin, zur Bearbeitung notiert hatte. Im übrigen partizipierte auch seine Frau Helen an dieser Stoffsammlung; so entsprechen beispielsweise ihre Artikel »Paris-Amerikanerinnen« (›Für die Frau. Beilage zur Frankfurter Zeitung‹, Nr. 3 vom 1. 4. 1928) und »Ostasien in Paris« (›Das illustrierte Blatt‹, Nr. 42 vom 21. 10. 1928) dem Stichwort »Amerika und Asien in Paris«. Auch hat sich im Benjamin-Nachlaß ein Manuskriptblatt von ihrer Hand erhalten, das verschiedene Anläufe zu einem »Passagen«-Essay aufweisen.

ad 2)
Die Blätter Ts 2766–2770 enthalten folgenden Text (eckige Klammern [] bezeichnen Gestrichenes):
Ts 2766:

Kleiner Seitengang der Passage des Panoramas. Passage de service mit Eisenleitern an den Wänden.
Visitenkarten werden gleich gemacht, Stiefel gleich geputzt
Mosaikschwellen im Stil der alten Restaurants im Palais Royal

führen zu Dîner de Paris 5 fr. leer und breit, so daß man nicht glauben mag, es komme dahinter wirklich ein Restaurant. Das gleiche gilt von dem Zugang zu dem Petit Casino. Da sieht man wohl Kasse und Preise, aber man hat das Gefühl: wäre man erst durch die Glastür, so würde man drüben statt in einen Theaterraum wieder auf die Straße kommen.

Viel hygienische Institute Au Biceps, Reducteur de hanches, Gladiatoren mit Bauchbinden Bandagen um weiße Mannequinbäuche

In alten Coiffeurläden die letzten Frauen mit langem Haar, onduliert und indéfrisable, versteinerte Haartouren.

Wenn diese versteinern, wirkt hingegen Mauerwerk der Passagen oft wie brüchiges Papiermaché.

Lächerliche ›Andenken‹ und Bibelots besonders grausig.

Lagernde Odalisken neben Tintenfaß, Adorantinnen die Aschenbecher wie Opferschalen erheben.

Ts 2768:

A la Capricieuse, lingerie de tout genre.

Réparation de poupées.

Fächerfabrik sous la voute.

Buchhandlung obere Reihe. Etreintes secretes, Art d'aimer, Affolantes Illusions, Les Instiables, School of love, Mémoires d'une bonne à tout faire. Darunter Images d'Epinal. Arlequin marie sa fille. Napoleonbilder. Artillerie. Weg zu Himmel und Hölle mit franz. und deutscher Aufschrift (in frommem Laden der rue du Val de Grâce englisch der breite und der schmale Weg.)

Typographien.

Sofort Visitenkarten.

Ts 2769:

Überall als Einlage, Gastrolle, Strümpfe. Einmal bei Photos, einmal bei einem Ausschank, von einem Mädchen bewacht (wir denken an das Theater im Montrouge, wo sie Tags über der Abendkasse liegen)

Aufgang zum arabischen Restaurant Kebab

Oft Täschchen (petit sacs) in offenen Pappschachteln, von Seidenpapier umgeben.

Am nächsten Haus, wo ein Torgang, eine Beinahpassage:

Mme de Consolis, Maîtresse de Ballet, Leçons, Cours, Numéros,

Mme Zahna, Cartomancière.

[Schmaler Gang] hinten Hôtel de Boulogne mit einem Fenster über Coiffeur. Das unten wartende und das aus dem Fenster sehende Mädchen. Das Ganze vom Zugang gerahmt.

(folgt Zeichnung von Hessels Hand)

Dies von mir (vom Café aus gesehen) und rechts das Tor Lodovico Magno mit lagernden Löwen, Waffenleibern u. vagen Trophäen an Pyramiden.

Ts 2770:

In den Passagen sind kühnere Farben möglich. Es gibt rote und grüne Kämme.

In den Passagen erhalten sich Formen von Kragenknöpfen, zu denen wir die entsprechenden Kragen oder Hemden nicht mehr kennen.

Ist ein Schusterladen Nachbar einer Confiserie, so werden seine Schnürsenkelgehänge Lakritzen ähnlich.

[Es gibt viele Briefmarkenhandlungen (die mit ihren südamerikanischen Kolibrimarken auf stockfleckigem Papier den Berliner Fremden an Kindheit und Kuckuck erinnern).]

Man könnte einen Idealladen in einer Idealpassage denken, der alle Gewerbe vereinigt, Puppenklinik und menschliche Orthopädie ist, Trompeten und Muscheln feilhält, Vogelfutter in Schalen einer photographischen Dunkelkammer, Okarinen als Schirmkrücken.

Eine Fabrik de cocardes für Hochzeit und Bankette, parures pour mariées.

Daß diese Notizen ausschließlich von Hessel stammen, wird durch drei Indizien nahegelegt: Zum einen weisen die Blätter keinerlei Spuren von Benjamins Hand auf; vielmehr tritt Benjamin – dies zum zweiten – darin als der »Berliner Fremde« auf (Ts 2770); drittens gleichen die Notizen in auffälliger Weise den Eintragungen, die Hessel in seinen Tagebuch-Carnets zu machen pflegte (vgl. Franz Hessel, »Tagebuchnotizen 1928–1932«. In: ›Juni. Magazin für Kultur & Politik‹, Nr. 1 vom März 1989, S. 36–49)

ad 3)

Ein integraler Abdruck der Manuskriptblätter Ts 2761–2767 ist aus Platz- und Urheberrechtsgründen hier nicht möglich, so daß auf die entsprechenden Seiten in der Edition von Benjamins »Passagen-Werk« verwiesen werden muß (a.a.O., S. 1344–1347). Vergleicht man indes den Text, der darauf notiert ist, mit demjenigen, den Tiedemann als den definitiven gemeinsamen Artikel von Benjamin und Hessel verstand, so zeigt sich, daß in letzterem Formulierungen *noch gelten*, die in ersterem *gestrichen* oder *korrigiert* sind. Mit anderen Worten: Die Texte müssen in genau umgekehrter Reihenfolge entstanden sein, als Tiedemann annimmt; das ausformulierte Feuilleton ›Pariser Passagen‹ bestand *zuerst*, wonach, in einem zweiten Arbeitsschritt, der Text auf den Blättern Ts 2761–2767 aus ihm entwickelt wurde. Als Beleg sei nur auf den Satz: »Häufig sind hygienische Institute, da tagen Gladiatoren Bauchbinden…« hingewiesen (a.a.O., S. 1346, Zeilen 6–7 bzw. S. 1042, Zeilen 4–6, entspricht S. 108, Zeilen 16 u. 17 im vorliegenden Band). Dieser Satz ist in den Manuskriptblättern gestrichen, während er im ausformulierten Feuilleton noch gilt. Gleiches ist auch bei der Beschreibung der Auslagen des Friseurgeschäfts und der Buchhandlung der Fall. Die Manuskriptblätter Ts 2761–2767 stellen demnach ein *späteres* Arbeitsstadium als der Text ›Pariser Passagen‹ dar.

Dieser eindeutige philologische Befund wird durch ein signifikantes stilistisches Detail bestätigt: Das Feuilleton ›Pariser Passagen‹ ist in der Ich-Form verfaßt (»…da muß ich nicht mehr hinein«). Benjamin bekannte jedoch in der 1932 entstandenen »Berliner Chronik«, daß er die besondere stilistische Qualität seiner Arbeiten darauf zurückführe, daß er es sich, außer in Briefen, konsequent versage, das Wort ›ich‹ zu gebrauchen (vgl. Walter Benjamin, ›Gesammelte Schriften‹. Bd. 6. Frankfurt/M.: Suhrkamp 1985, S. 475). Diesem Grundsatz entsprechend, ist der Text auf den Blättern Ts 2761–2767 in die typisch Benjamin'sche Wir-Form transponiert. Die Rekonstruktion, daß Benjamins Mitwirkung erst an dieser Stelle einsetzte, liegt schließlich auch insofern näher, als auf den übrigen Papieren außer einer flüchtigen Randanstreichung keinerlei Spuren von seiner Hand festzustellen sind. Als alleiniger Autor des Aufsatzes ›Pariser Passagen‹ muß demnach Franz Hessel gelten.

Architekturen des Augenblicks
Erstdruck in: ›Das illustrierte Blatt‹, Nr. 24 vom 12. 6. 1927, S. 618–620 (mit Photographien von Germaine Krull).

Der Zeigefinger von Paris
Erstdruck unter dem Kürzel »h.« in: ›Pariser Tageszeitung‹, Nr. 958 vom 31. 3. 1939. Hessels Autorschaft ist durch eine entsprechende Honorarquittung der ›Pariser Tageszeitung‹, die im Redaktionsarchiv erhalten geblieben ist (Bundesarchiv, Abteilung Potsdam), zu verzifizieren.

Hier tanzt man noch
Erstdruck unter dem Pseudonym »Hesekiel« in: ›Pariser Tageszeitung‹, Nr. 1049 vom 16./17. 7. 1939.

Pause in Paris
Erstdruck in ›Kölnische Zeitung‹, Nr. 422 vom 4. 8. 1930; erneut unter dem Pseudonym »Hesekiel« in: ›Pariser Tageszeitung‹, Nr. 1073 vom 13./14. 8. 1939.